Kneten, schnuppern, genießen

Der Duft von süßem Hefebrot lässt an Familie und Gemütlichkeit denken. Wer greift da nicht gern zweimal zu? Ob traditionelle Klassiker oder moderne Interpretationen: Es ist kein Zufall, dass Hefegebäck in den Bäckereien vieler Länder ein Dauerbrenner ist.

Meine Leidenschaft für Hefegebäck wurde in meiner Kindheit geweckt, als ich meiner Großmutter beim ausdauernden Kneten des Teigs zusah. Begierig wartete ich, bis sie ein warmes, weiches Hefebrot aus dem Ofen holte und mir eine Scheibe mit Erdbeerkonfitüre – selbstverständlich selbst gemacht mit Früchten aus dem Garten – bestrich. Das hingebungsvolle Kneten, das Warten während der Teigruhe, der Duft von Mehl und die goldene Kruste haben mich fasziniert. Als ich älter wurde, habe ich selbst immer weiter gebacken und schließlich das Bäckerhandwerk zu meinem Beruf gemacht.

Auf meinen Reisen habe ich passionierte Bäcker getroffen und Rezepte aus aller Welt kennengelernt. Das hat mich zu zahlreichen Gebäckkreationen inspiriert, von denen ich hier eine kleine Auswahl vorstellen möchte.

Sie finden auf diesen Seiten traditionelle, moderne und süße Rezepte, Rezepte für kleine und große Runden, und natürlich viele Tipps und Tricks, damit Ihnen das Gebäck in der eigenen Küche gut gelingt.

Zwei Empfehlungen möchte ich Ihnen gleich zu Beginn ans Herz legen: Gehen Sie die Bäckerei mit Leidenschaft an, und gönnen Sie dem Teig die Ruhe, die er braucht.

Sarah Crosetti

So gelingt
der Hefeteig

Kneten, kneten und noch mal kneten

Ein guter Hefeteig steht und fällt mit dem Kneten. Viele von uns versuchen, hier Zeit zu sparen, dabei kann man gar nicht zu lange kneten. Wenn Sie eine Küchenmaschine verwenden, muss in den meisten Rezepten bei mittlerer Geschwindigkeit 10 bis 15 Minuten geknetet werden. Wenn Sie Ihren Teig mit der Hand bearbeiten, planen Sie am besten 20 bis 30 Minuten Muskelarbeit ein. Das scheint viel, ist aber sinnvoll. Stellen Sie sich gern einen Timer, um die erforderliche Zeit einzuhalten.

Dem Teig Ruhe gönnen

Auch die Teigruhe ist für das Gelingen unerlässlich. Bitte keine Eile, keine Abkürzungen! Darunter würden Konsistenz und Geschmack leiden, denn je länger der Teig ruht, desto besser entwickeln sich seine Aromen.

Kalte Teigruhe

Beachten Sie die Temperaturempfehlungen in den Rezepten. Der Teig darf nicht zu warm ruhen. Bei Kälte arbeitet die Hefe langsamer, die Aromen entwickeln sich gut und vor allem ist der Teig viel leichter zu handhaben. Für Babka, Zimtschnecken oder chinesische Brötchen lassen Sie den Teig in der Kälte ruhen, dann wird das Formen und Falten viel einfacher. Denken Sie daran, dass die meisten Teige mit Butter zubereitet werden und darum dazu neigen, während der Bearbeitung schnell weich zu werden.

Den Teig im Auge behalten

Die Formgebung bestimmt, wie Ihr Hefegebäck aussehen wird. Nehmen Sie sich Zeit und bestreuen Sie Arbeitsfläche und Nudelholz regelmäßig mit Mehl. Heben Sie den Teig an, um zu prüfen, ob er klebt. Wenn Sie das Gefühl haben, dass er schnell weich wird, stellen Sie ihn für ein paar Minuten zurück in den Kühlschrank. Die Textur des Teigs kann je nach Jahreszeit, aber auch je nach Umgebung, Luftfeuchtigkeit und Raumtemperatur variieren. Achten Sie immer auf den Zustand Ihres Teigs.

Platz für die letzte Teigruhe

Nach dem Formen legen Sie die Teile mit ausreichendem Abstand zueinander. Sie dürfen nicht zusammenkleben. Brote dürfen die Form nur zu zwei Dritteln ausfüllen. Während der letzten Ruhephase kann der Teig noch einmal kräftig aufgehen. Wenn die Abstände zwischen kleinen Teigstücken zu klein sind, kleben sie zusammen, und wenn die Form zu voll ist, quillt der Teig über den Rand.

Sarah Crosetti

Süßes Hefegebäck

Die besten Rezepte für Hörnchen, Brioche & Co.

Bassermann

Inhalt

Goldbraune Kruste
Zum Bestreichen schwört jeder Bäcker auf sein eigenes Geheimnis: Ei, Milch, Eigelb, Gemüsedrink, Butter, usw. Ich für meinen Teil verwende ein ganzes Ei, verquirlt mit einem Esslöffel Wasser. Diese Mischung verleiht dem Gebäck Glanz, und die Oberfläche wird golden, aber nicht zu dunkel. Wenn Sie nur Eigelb verwenden, wird das Hefegebäck schnell dunkel, und mit Milch wird es etwas blass. Mit verdünntem Ei habe ich die besten Erfahrungen gemacht.

Letzter Schritt: Backen und aus der Form nehmen
Die Backzeit kann von Ofen zu Ofen variieren, sie hängt aber auch von der Form des Gebäcks ab. Sogar die Knetzeit spielt eine Rolle. Die in den Rezepten angegebenen Zeiten sind nur Richtwerte. Um den Backvorgang zu überprüfen, kontrollieren Sie zunächst das Aussehen des Teigs: Er sollte aufgegangen und goldbraun sein. Stechen Sie dann mit einem spitzen Messer in die Mitte des Teigs. Wenn beim Herausziehen Teigspuren daran haften, muss der Hefeteig noch einen Moment länger gebacken werden.

Nehmen Sie das Gebäck nicht sofort nach dem Backen aus der Form, sondern lassen Sie es 10–15 Minuten ruhen, damit es fester wird und sich leicht aus der Form lösen lässt. Zu lange darf es aber auch nicht in der Form bleiben, sonst kann sich Kondenswasser bilden, und der Teig wird feucht und weich.

Bananenbrot
mit Schokotröpfchen

Für 6 Personen • Zubereitungszeit: 15 Min. • Teigruhe: 4 Std. • Backzeit: 20 Min.

20 g frische Hefe oder
1 Beutel Trockenhefe
110 ml lauwarme Milch
500 g Weizenmehl Type 405
2 sehr reife Bananen
40 g Zucker
5 g Salz
1 Ei (Größe M)
120 ml lauwarmes Wasser
90 g weiche Butter +
50 g zum Formen
150 g große Schokotröpfchen
1 Ei mit 1 EL Wasser verquirlt, zum Bestreichen

Tipp
Es macht gar nichts, wenn die Bananen schon etwas braun sind. Je reifer sie sind, desto aromatischer schmeckt dieser Kuchen.

Formgebung
siehe Abbildungen Seite 71

Teig
Hefe und lauwarme Milch (max. 30 °C) in einer Schüssel verrühren. 10 Minuten stehen lassen, bis die Mischung schaumig aussieht. Mehl, zerdrückte Bananen, Zucker und Salz in einer Schüssel vermengen. Eine Vertiefung in die Mitte drücken. Das Ei und das Wasser mit der Hefemilch verquirlen und in die Vertiefung gießen.
Nun das Mehl allmählich mit einem Teigspatel oder Kochlöffel mit den flüssigen Zutaten vermengen, bis ein glatter Teig entstanden ist. Die weiche Butter in Flöckchen einarbeiten. 5–10 Minuten von Hand kneten. Wenn der Teig stark klebt, etwas mehr Mehl zugeben. Das Kneten ist wichtig, damit sich das Gluten im Teig entwickelt und der Teig gut aufgeht. Wenn Sie eine Küchenmaschine haben, kneten Sie den Teig 10 Minuten bei mittlerer Geschwindigkeit, bis er sich von der Schüsselwand löst.

Teigruhe
Den Teig in eine eingeölte Schüssel legen und mit einem sauberen Geschirrtuch abdecken. Etwa 1 Stunde an einem mäßig warmen (ca. 20 °C), zugluftfreien Platz ruhen lassen. Danach den Teig zusammendrücken, damit Luft entweichen kann. Wieder in die Schüssel legen, mit Frischhaltefolie abdecken und mindestens 2 Stunden (besser über Nacht) in den Kühlschrank stellen. Während dieser zweiten Teigruhe entwickeln sich die Aromen.

Formgebung
Den Teig rechteckig ausrollen. 50 g Butter zerlassen und das Teigrechteck damit bestreichen. Die Schokotröpfchen darauf verteilen, dann den Teig falten wie auf Seite 71 dargestellt. Den Teig in der Form mindestens 40 Minuten bei Zimmertemperatur oder im kurz angeheizten und dann ausgeschalteten Backofen gehen lassen. Achtung: Die Temperatur darf 30 °C nicht überschreiten. Dies ist die dritte und letzte Teigruhe.

Backen
Wenn der Teig gut aufgegangen ist, die Oberfläche mit dem verquirlten Ei bestreichen. 20 Minuten bei 180 °C backen.

Pistazienbrot
mit Orangenblütenwasser

Ergibt 6 kleine Brote • Zubereitungszeit: 15 Min. • Teigruhe: 4 Std. • Backzeit: 15 Min.

20 g frische Hefe oder
1 Beutel Trockenhefe
110 ml lauwarme Milch
500 g Weizenmehl Type 405
90 g Zucker
5 g Salz
120 ml lauwarmes Wasser
1 EL Orangenblütenwasser
1 Ei (Größe M)
90 g weiche Butter
150 g Pistazienpaste
1 Ei mit 1 EL Wasser verquirlt, zum Bestreichen

Tipp
Für die Pistazienpaste 150 g ungesalzene Pistazienkerne mit 1 TL Sonnenblumenöl und 1 EL Puderzucker im Mixer zu einer Paste verarbeiten.

Formgebung
siehe Abbildungen Seite 71

Teig
Hefe und lauwarme Milch (max. 30 °C) in einer Schüssel verrühren. 10 Minuten stehen lassen, bis die Mischung schaumig aussieht. Mehl, Zucker und Salz in einer Schüssel vermengen. Eine Vertiefung in die Mitte drücken. Wasser, Orangenblütenwasser, Hefemilch und Ei verquirlen und in die Vertiefung gießen. Nun das Mehl allmählich mit einem Teigspatel oder Kochlöffel mit den flüssigen Zutaten vermengen, bis ein glatter Teig entstanden ist. Die weiche Butter in Flöckchen einarbeiten. 5–10 Minuten von Hand kneten. Wenn der Teig stark klebt, etwas mehr Mehl zugeben. Das Kneten ist wichtig, damit sich das Gluten im Teig entwickelt und der Teig gut aufgeht. Wenn Sie eine Küchenmaschine haben, kneten Sie den Teig 10 Minuten bei mittlerer Geschwindigkeit, bis er sich von der Schüsselwand löst.

Teigruhe
Den Teig in eine eingeölte Schüssel legen und mit einem sauberen Geschirrtuch abdecken. 1 Stunde an einem mäßig warmen (ca. 20 °C), zugluftfreien Platz ruhen lassen. Danach den Teig zusammendrücken, damit Luft entweichen kann. Wieder in die Schüssel legen, mit Frischhaltefolie abdecken und mindestens 2 Stunden (besser über Nacht) in den Kühlschrank stellen. Während dieser zweiten Teigruhe entwickeln sich die Aromen.

Formgebung
Den Teig in sechs Portionen teilen und jede zu einem Rechteck formen. Mit Pistaziencreme bestreichen, dann formen wie auf Seite 71 dargestellt. Die gedrehten Teigstränge sollten einen Ring mit einer kleinen Öffnung in der Mitte bilden. Mindestens 40 Minuten bei Zimmertemperatur oder im kurz angeheizten und dann ausgeschalteten Backofen gehen lassen. Achtung: Die Temperatur darf 30 °C nicht überschreiten. Dies ist die dritte und letzte Teigruhe.

Backen
Wenn der Teig gut aufgegangen ist, die Oberfläche mit dem verquirlten Ei bestreichen. 15 Minuten bei 160 °C backen.

Karamellbrot
mit Vanille & Walnüssen

Für 6 Personen • Zubereitungszeit: 30 Min. • Teigruhe: 4 Std. • Backzeit: 30 Min.

20 g frische Hefe oder
1 Beutel Trockenhefe
110 ml lauwarme Milch
500 g Weizenmehl Type 405
90 g Zucker
5 g Salz
120 ml lauwarmes Wasser
1 Ei (Größe M)
90 g weiche Butter
1 Ei mit 1 EL Wasser verquirlt, zum Bestreichen

Karamell
200 g Zucker
50 ml Wasser
100 g Schlagsahne
Mark von 1 Vanilleschote
75 g gesalzene Butter
100 g Walnusskerne, grob gehackt

Tipp
Statt selbst gemachtem Karamell können Sie auch Karamell-Brotaufstrich oder Esskastaniencreme verwenden. Beide harmonieren gut mit Walnüssen.

Formgebung
siehe Abbildungen Seite 71

Teig
Hefe und lauwarme Milch (max. 30 °C) in einer Schüssel verrühren. 10 Minuten stehen lassen, bis die Mischung schaumig aussieht. Mehl, Zucker und Salz in einer Schüssel vermengen. Eine Vertiefung in die Mitte drücken. Wasser, Hefemilch und Ei verquirlen und in die Vertiefung gießen. Nun das Mehl allmählich mit einem Teigspatel oder Kochlöffel mit den flüssigen Zutaten vermengen, bis ein glatter Teig entstanden ist. Flöckchenweise die weiche Butter einarbeiten. 5–10 Minuten von Hand kneten. Alternativ den Teig mit der Küchenmaschine 10 Minuten bei mittlerer Geschwindigkeit kneten, bis er sich von der Schüsselwand löst.

Teigruhe
Den Teig in eine eingeölte Schüssel legen und mit einem sauberen Geschirrtuch abdecken. 1 Stunde an einem mäßig warmen (ca. 20 °C), zugluftfreien Platz ruhen lassen. Danach den Teig zusammendrücken, damit Luft entweichen kann. Mit Frischhaltefolie abdecken und mindestens 2 Stunden (besser über Nacht) in den Kühlschrank stellen. Während dieser zweiten Teigruhe entwickeln sich die Aromen.

Karamell
Den Zucker im Wasser auflösen und bei mittlerer Hitze köcheln, bis er braun wird und karamellisiert. Vom Herd nehmen und die Sahne einrühren. Das Mark aus der Vanilleschote in die Creme schaben. Die Butter flöckchenweise unter ständigem Rühren untermischen. Abkühlen lassen und mindestens 1 Stunde in den Kühlschrank stellen.

Formgebung
Den ausgerollten Teigstreifen mit drei Vierteln der Walnüsse bestreuen und in sich drehen, dann die Enden so unterschlagen, dass ein runder Kuchen entsteht (siehe Seite 71). Den Teig in eine gebutterte Form legen und mindestens 40 Minuten bei Zimmertemperatur oder im kurz angeheizten und dann ausgeschalteten Backofen gehen lassen. Achtung: Die Temperatur darf 30 °C nicht überschreiten.

Backen
Wenn der Teig gut aufgegangen ist, mit dem verquirlten Ei bestreichen. Mit den restlichen Walnüssen bestreuen. Etwa 30 Minuten bei 180 °C backen. 10 Minuten abkühlen lassen, dann aus der Form nehmen.

Brioche
nach Pariser Art

Ergibt 8 Brioches • Zubereitungszeit: 20 Min. • Teigruhe: 4 Std. 30 Min. • Backzeit: 20 Min.

240 g Weizenmehl Type 405
40 g Zucker
5 g Salz
8 g frische Hefe oder ½ Beutel Trockenhefe
3 Eier
140 g weiche Butter
1 Ei mit 1 EL Wasser verquirlt, zum Bestreichen

Tipp
Um nicht in aller Herrgottsfrühe aufstehen zu müssen, können Sie die Brioches schon am Vortag backen und noch warm in eine luftdichte Dose legen. So bildet sich Kondensfeuchtigkeit und die Brioches trocknen nicht aus.

Formgebung
siehe Abbildungen Seite 72

Teig
Mehl, Zucker und Salz in einer Schüssel vermengen. Eine Vertiefung in die Mitte drücken. Hefe und Eier verquirlen und in die Vertiefung gießen. Langsam alles zu einem glatten Teig verarbeiten. 5–10 Minuten von Hand kneten. Alternativ mit der Küchenmaschine 5 Minuten erst auf niedriger Stufe, dann 5 Minuten auf mittlerer Stufe weiterkneten. Flöckchenweise die Butter einarbeiten. Wenn der Teig stark klebt, etwas Mehl zugeben. Das Kneten ist wichtig, damit sich das Gluten entwickelt und der Teig gut aufgeht.

Teigruhe
Den Teig in eine eingeölte Schüssel legen und mit einem leicht feuchten, sauberen Geschirrtuch oder mit Frischhaltefolie abdecken. 1½ Stunden an einem mäßig warmen (ca. 20 °C), zugluftfreien Platz ruhen lassen. Danach den Teig zusammendrücken, damit Luft entweichen kann. Den Teig wieder in die Schüssel legen, mit Frischhaltefolie abdecken und mindestens 2 Stunden in den Kühlschrank stellen.

Formgebung
Die Formgebung ist auf Seite 72 beschrieben. Die Brioches 1 Stunde bei Zimmertemperatur oder im kurz angeheizten und dann ausgeschalteten Backofen gehen lassen. Achtung: Die Temperatur darf 30 °C nicht überschreiten. Dies ist die dritte und letzte Teigruhe.

Backen
Wenn der Teig gut aufgegangen ist, die Oberfläche mit dem verquirlten Ei bestreichen. Etwa 20 Minuten bei 190 °C backen, bis die Brioches goldbraun sind. 10 Minuten abkühlen lassen, dann aus den Formen nehmen.

Weißbrot
aus der Normandie

Für 6 Personen • Zubereitungszeit: 20 Min. • Teigruhe: 3 Std. 30 Min. • Backzeit: 25 Min.

20 g frische Hefe oder
1 Beutel Trockenhefe
110 ml lauwarme Milch
500 g Weizenmehl Type 405
50 g Zucker
10 g Salz
100 g Crème fraîche
5 Eier (Größe M)
100 g weiche Butter
1 Ei mit 1 EL Wasser verquirlt, zum Bestreichen

Tipp
Traditionell isst man das Fallue, wie dieses Hefebrot in der Normandie genannt wird, zu einem normannischen Reisdessert *(teurgoule)*.

Teig
Hefe und lauwarme Milch (max. 30 °C) in einer Schüssel verrühren. 10 Minuten stehen lassen, bis die Mischung schaumig aussieht. Mehl, Zucker und Salz in einer Schüssel vermengen. Eine Vertiefung in die Mitte drücken. Crème fraîche, Hefemilch und Eier verquirlen und in die Vertiefung gießen. Langsam das Mehl mit den feuchten Zutaten vermengen, bis ein glatter Teig entsteht. Flöckchenweise die weiche Butter einarbeiten. 5–10 Minuten von Hand kneten. Wenn der Teig stark klebt, etwas Mehl einarbeiten. Das Kneten ist wichtig, damit sich das Gluten im Teig entwickelt und der Teig gut aufgeht. Wenn Sie eine Küchenmaschine haben, kneten Sie den Teig 10 Minuten bei mittlerer Geschwindigkeit, bis er sich von der Schüsselwand löst.

Teigruhe
Den Teig in eine eingeölte Schüssel legen und mit einem sauberen, leicht feuchten Geschirrtuch oder mit Frischhaltefolie abdecken. 2 Stunden an einem mäßig warmen (ca. 20 °C), zugluftfreien Platz ruhen lassen. Danach den Teig zusammendrücken, damit Luft entweichen kann. Einen länglich-ovalen Laib formen. Ein Backblech mit Backpapier auslegen. Den Teig mit der Naht nach unten darauflegen. 1½ Stunden bei Zimmertemperatur oder im kurz angeheizten und dann ausgeschalteten Backofen gehen lassen. Achtung: Die Temperatur darf 30 °C nicht überschreiten. Dies ist die dritte und letzte Teigruhe.

Backen
Wenn der Teig gut aufgegangen ist, die Oberfläche mit dem verquirlten Ei bestreichen. Eine Küchenschere in Ei tauchen und an einer Seite mehrere kurze Schnitte in den Laib machen. Etwa 25 Minuten bei 180 °C backen.

Überbackenes Zuckerbrot

Ergibt 6 Zuckerbrote • Zubereitungszeit: 15 Min. • Teigruhe: 2 Std. • Backzeit: 30 Min.

15 g frische Hefe oder
5 g Trockenhefe
100 ml lauwarme Milch
300 g Weizenmehl
Type 405
30 g Zucker
5 g Salz
50 g Crème fraîche
1 Ei (Größe M)

Belag
60 g Schlagsahne
1 Ei
80 g brauner Zucker
50 g Butter

Tipp
Wenn Sie dieses Brot wie in Frankreich backen wollen, dann sollten Sie französischen Rübenzucker (Vergeoise) verwenden, der mit Karamell aromatisiert wird. Aber auch mit braunem Zucker sind diese kleinen Brote köstlich.

Teig
Hefe und lauwarme Milch (max. 30 °C) in einer Schüssel verrühren. 10 Minuten stehen lassen, bis die Mischung schaumig aussieht. Mehl, Zucker und Salz in einer Schüssel vermengen. Eine Vertiefung in die Mitte drücken. Crème fraîche, Hefemilch und Ei verquirlen und in die Vertiefung gießen. Langsam mit einem Teigschaber oder Kochlöffel das Mehl mit den feuchten Zutaten vermengen, bis ein glatter Teig entsteht. 5–10 Minuten von Hand kneten. Wenn der Teig stark klebt, etwas mehr Mehl einarbeiten. Das Kneten ist wichtig, damit sich das Gluten im Teig entwickelt und der Teig gut aufgeht. Wenn Sie eine Küchenmaschine haben, kneten Sie den Teig 10 Minuten bei mittlerer Geschwindigkeit, bis er sich von der Schüsselwand löst.

Teigruhe
Den Teig in eine eingeölte Schüssel legen und mit einem leicht feuchten, sauberen Geschirrtuch oder mit Frischhaltefolie abdecken. 1 Stunde an einem mäßig warmen (ca. 20 °C), zugluftfreien Platz ruhen lassen Danach den Teig zusammendrücken, damit Luft entweichen kann. Den Teig in sechs Portionen teilen und zu etwa 1 cm dicken Kreisen ausrollen. Auf ein mit Backpapier belegtes Backblech legen und 1½ Stunden bei Zimmertemperatur oder im kurz angeheizten und dann ausgeschalteten Backofen gehen lassen. Achtung: Die Temperatur darf 30 °C nicht überschreiten.

Belag
Sahne, Ei und Zucker in einer Schüssel verrühren. Mit dem Daumen Vertiefungen in die Teigoberfläche drücken. Die Mischung auf dem Teig verteilen, sie sollte sich in den Vertiefungen sammeln. Die Butter in Flöckchen teilen und auf dem Teig verteilen.

Backen
Etwa 30 Minuten bei 160 °C backen, bis die Oberfläche goldbraun ist.

Brötchen
mit Cranberrys

Für 6 Personen • Zubereitungszeit: 20 Min. • Teigruhe: 4 Std. 30 Min. • Backzeit: 25 Min.

20 g frische Hefe oder
1 Beutel Trockenhefe
220 ml lauwarme Vollmilch
500 g Weizenmehl
Type 405
70 g Zucker
6 g Salz
1 Ei
1 Eigelb
125 g weiche Butter
150 g getrocknete Cranberrys
1 Ei mit 1 EL Wasser verquirlt, zum Bestreichen

Tipp
Dieses Gebäck kann man auch mit Hagelzucker bestreuen oder mit Rosinen oder Schokolade füllen. Die Füllung können Sie nach Belieben variieren, z.B. kandierte Früchte, Nougat oder Vanille.

Teig
Hefe und lauwarme Milch (max. 30 °C) in einer Schüssel verrühren. 10 Minuten stehen lassen, bis die Mischung schaumig aussieht. Die Hefemilch in eine Schüssel geben, dann Mehl, Zucker, Salz, Ei und Eigelb zufügen. 10 Minuten von Hand kneten, alternativ mit der Küchenmaschine 2 Minuten auf langsamer Stufe, dann 8 Minuten auf mittlerer Stufe kneten. Die Butter flöckchenweise einarbeiten und 4–5 Minuten weiterkneten. Kurz vor Ende der Knetzeit die Cranberrys einarbeiten.

Teigruhe
Den Teig in eine eingeölte Schüssel legen, mit einem leicht feuchten, sauberen Geschirrtuch oder mit Frischhaltefolie abdecken und 1 Stunde an einem mäßig warmen (ca. 20 °C), zugluftfreien Platz ruhen lassen. Danach den Teig zusammendrücken, damit Luft entweichen kann. Wieder in die Schüssel legen, mit Frischhaltefolie abdecken und mindestens 2 Stunden (besser über Nacht) in den Kühlschrank stellen. Während dieser zweiten Teigruhe entwickeln sich die Aromen.

Formgebung
Den Teig in sechs Portionen (à ca. 175 g) teilen. Ovale Kugeln formen und auf ein mit Backpapier belegtes Backblech legen. 1½ Stunden bei Zimmertemperatur oder im kurz angeheizten und dann ausgeschalteten Backofen gehen lassen. Achtung: Die Temperatur darf 30 °C nicht überschreiten. Dies ist die dritte und letzte Teigruhe.

Backen
Wenn der Teig gut aufgegangen ist, die Oberfläche mit dem verquirlten Ei bestreichen. 15 Minuten bei 200 °C backen, dann die Temperatur auf 170 °C herunterschalten und die Brötchen weitere 5–10 Minuten backen (dabei genau beobachten!). Die Brötchen sind gar, wenn an einer mittig eingestochenen Messerspitze kein Teig mehr haftet.

Brioche
mit Orangenblütenaroma

Für 6 Personen • Zubereitungszeit: 20 Min. • Teigruhe: 4 Std. • Backzeit: 20 Min.

20 g frische Hefe oder
1 Beutel Trockenhefe
150 ml lauwarme Milch
Mark von 1 Vanilleschote
500 g Weizenmehl
Type 405
100 g Zucker
10 g Salz
30 g Crème fraîche
1 EL Orangenblütenwasser
3 Eier (Größe M)
150 g weiche Butter
1 Ei mit 1 EL Wasser verquirlt, zum Bestreichen

Tipp
Sie können aus dem Teig auch mehrere kleine Brioches formen und einfrieren. Achtung: Bei kleinen Brioches verkürzt sich die Backzeit. Fangen Sie nach 10 Minuten an, den Backvorgang genau zu beobachten.

Formgebung
siehe Abbildungen Seite 69

Teig
Hefe und lauwarme Milch (max. 30 °C) in einer Schüssel verrühren. 10 Minuten stehen lassen, bis die Mischung schaumig aussieht. Das Mark der Vanilleschote zugeben. Mehl, Zucker und Salz in einer Schüssel vermengen. Eine Vertiefung in die Mitte drücken. Crème fraîche, Orangenblütenwasser und Eier mit der Hefemilch verquirlen und in die Vertiefung gießen. Das Mehl mit einem Schaber oder Kochlöffel langsam mit den feuchten Zutaten vermengen, bis ein glatter Teig entsteht. Flöckchenweise die weiche Butter untermischen. 5–10 Minuten von Hand kneten. Wenn der Teig stark klebt, etwas mehr Mehl einarbeiten. Das Kneten ist wichtig, damit sich das Gluten entwickelt und der Teig gut aufgeht. Alternativ den Teig mit der Küchenmaschine 10 Minuten bei mittlerer Geschwindigkeit kneten, bis er sich von der Schüsselwand löst.

Teigruhe
Den Teig in eine eingeölte Schüssel legen und mit einem leicht feuchten, sauberen Geschirrtuch oder mit Frischhaltefolie abdecken. 1 Stunde an einem mäßig warmen (ca. 20 °C), zugluftfreien Platz ruhen lassen. Danach den Teig zusammendrücken, damit Luft entweichen kann. Den Teig in drei Portionen teilen, auf ein eingeöltes Backblech legen und mit Frischhaltefolie abdecken. Mindestens 2 Stunden (besser über Nacht) im Kühlschrank ruhen lassen. Während dieser zweiten Teigruhe entwickeln sich die Aromen.

Formgebung
Die Teigportionen zu Strängen formen und flechten (siehe Abbildungen Seite 69). Den Zopf mindestens 1 Stunde bei Zimmertemperatur oder im kurz angeheizten und dann ausgeschalteten Backofen gehen lassen. Achtung: Die Temperatur darf 30 °C nicht überschreiten. Dies ist die dritte und letzte Teigruhe.

Backen
Wenn der Teig gut aufgegangen ist, die Oberfläche mit dem verquirlten Ei bestreichen. Etwa 20 Minuten bei 180 °C backen.

Brioche
mit Safran

Für 6 Personen • Zubereitungszeit: 20 Min. • Teigruhe: 5 Std. • Backzeit: 30 Min.

2 g Safranfäden
½ TL gemahlene Kurkuma
130 ml lauwarme Vollmilch
20 g frische Hefe oder
1 Beutel Trockenhefe
400 g Weizenmehl
Type 405
1 TL Honig
60 g Zucker
4 g Meersalz
2 Eier
120 g weiche Butter
2 TL Anissamen, zerstoßen
1 Ei mit 1 EL Wasser verquirlt, zum Bestreichen

Tipp
Der Anis kann durch 2 Teelöffel Anisschnaps wie Pastis, Ouzo oder Raki ersetzt werden. Die Kurkuma gibt dem Teig eine schöne gelbe Farbe, ist aber für den Geschmack nicht unbedingt notwendig.

Teig
Safran und Kurkuma in einer Schüssel mit 50 ml lauwarmer Milch verrühren. 1 Stunde zur Seite stellen. Hefe, 1 Teelöffel Mehl und den Honig unterrühren und 15 Minuten stehen lassen, bis sich Blasen bilden. Zu dieser Mischung restliches Mehl, Zucker, restliche Milch, Salz und die Eier geben. Alles zu einem glatten Teig verkneten. Flöckchenweise die weiche Butter und den Anis einarbeiten. 5–10 Minuten von Hand kneten. Wenn der Teig stark klebt, etwas mehr Mehl zugeben. Das Kneten ist wichtig, damit sich das Gluten im Teig entwickelt und der Teig gut aufgeht. Wenn Sie eine Küchenmaschine haben, kneten Sie den Teig 10 Minuten bei mittlerer Geschwindigkeit, bis er sich von der Schüsselwand löst.

Teigruhe
Den Teig in eine eingeölte Schüssel legen und mit einem sauberen, leicht feuchten Geschirrtuch oder mit Frischhaltefolie abdecken. 1 Stunde an einem mäßig warmen (ca. 20 °C), zugluftfreien Platz ruhen lassen. Danach den Teig zusammendrücken, damit Luft entweichen kann. Wieder in die Schüssel legen, mit Frischhaltefolie abdecken und mindestens 2 Stunden (besser über Nacht) in den Kühlschrank stellen. Während dieser zweiten Teigruhe entwickeln sich die Aromen.

Formgebung
Aus dem Teig einen langen Strang formen, in sich drehen und zum Kreis formen. Auf ein mit Backpapier belegtes Backblech legen. 1 Stunde bei Zimmertemperatur oder im kurz angeheizten und dann ausgeschalteten Backofen gehen lassen. Achtung: Die Temperatur darf 30 °C nicht überschreiten. Dies ist die dritte und letzte Teigruhe.

Backen
Wenn der Teig gut aufgegangen ist, die Oberfläche mit dem verquirlten Ei bestreichen. Sie können auch ein Messer in Ei tauchen und mehrere kurze Schnitte in das Gebäck machen. Etwa 30 Minuten bei 180 °C backen.

Brioche

mit Birnen

Für 6 Personen • Zubereitungszeit: 20 Min. • Teigruhe: 4 Std. • Backzeit: 25 Min.

100 g Rosinen
20 g frische Hefe oder
1 Beutel Trockenhefe
250 ml lauwarme Milch
500 g Weizenmehl
Type 405
50 g Zucker
10 g Salz
2 Eier (Größe M)
100 g weiche Butter
150 g grob gehackte
Haselnusskerne
1 Birne, geschält
und gewürfelt
1 Ei mit 1 EL Wasser verquirlt, zum Bestreichen

Tipp

Statt Rosinen können Sie auch Korinthen oder andere gehackte Trockenfrüchte im Teig verarbeiten.

Formgebung

siehe Abbildungen Seite 69

Teig

Die Rosinen 10 Minuten in einer Schüssel mit lauwarmem Wasser einweichen. In einer anderen Schüssel die Hefe mit der lauwarmen Milch (max. 30 °C) verrühren und 10 Minuten stehen lassen, bis die Mischung schaumig aussieht. Mehl, Zucker und Salz in einer Schüssel vermengen. Eine Vertiefung in die Mitte drücken. Hefemilch und Eier verquirlen und in die Vertiefung gießen. Langsam das Mehl mit den flüssigen Zutaten zu einem glatten Teig verarbeiten. Flöckchenweise die weiche Butter einarbeiten. 5–10 Minuten von Hand kneten. Wenn der Teig stark klebt, etwas mehr Mehl einarbeiten. Zuletzt die abgetropften Rosinen, die Haselnüsse und die Birne unterkneten.

Teigruhe

Den Teig in eine eingeölte Schüssel legen und mit einem sauberen Geschirrtuch abdecken. 1 Stunde an einem mäßig warmen (ca. 20 °C), zugluftfreien Platz ruhen lassen. Danach den Teig zusammendrücken, damit Luft entweichen kann. Die Schüssel mit Frischhaltefolie abdecken und 2 Stunden (besser über Nacht) in den Kühlschrank stellen.

Formgebung

Den Teig aus dem Kühlschrank nehmen und in drei Portionen teilen. Zu Strängen rollen, locker verflechten und zum Kreis formen (siehe Abbildungen Seite 69). 1 Stunde bei Zimmertemperatur oder im kurz angeheizten und dann ausgeschalteten Backofen gehen lassen. Achtung: Die Temperatur darf 30 °C nicht überschreiten. Dies ist die dritte und letzte Teigruhe.

Backen

Wenn der Teig gut aufgegangen ist, die Oberfläche mit dem verquirlten Ei bestreichen. Ein Backblech mit Backpapier belegen. Den Teig daraufsetzen und etwa 25 Minuten bei 180 °C backen.

Hefekuchen
mit Cremefüllung

Für 6 Personen • Zubereitungszeit: 1 Std. • Teigruhe: 1 Nacht • Backzeit: 20 Min.

Kuchen
(am Vortag zubereiten)
10 g frische Hefe oder
½ Beutel Trockenhefe
250 ml lauwarme Milch
250 g Weizenmehl
Type 405
25 g Zucker
5 g Salz
2 Eier, verquirlt
150 g weiche Butter
1 Ei mit 1 EL Wasser verquirlt, zum Bestreichen
30 g Hagelzucker

Cremefüllung
5 g Gelatine
250 ml Milch
4 Eigelb
60 g Zucker
25 g Speisestärke
80 g Butter
1 EL Orangenblütenwasser
200 g Schlagsahne

Tipp
Falls die Creme kleine Klümpchen hat, kann sie durch ein Sieb gestrichen werden. Das muss aber geschehen, solange sie noch heiß ist.

Teig
Hefe und lauwarme Milch (max. 30 °C) in einer Schüssel verrühren. 10 Minuten stehen lassen, bis die Mischung schaumig aussieht. Mehl, Zucker und Salz in einer Schüssel vermengen. Eine Vertiefung in die Mitte drücken. Hefemilch und Eier hineingießen und alles zu einem glatten Teig verarbeiten. Flöckchenweise die weiche Butter einarbeiten. 5–10 Minuten von Hand kneten. Wenn der Teig stark klebt, etwas Mehl einarbeiten. Alternativ den Teig mit der Küchenmaschine 10 Minuten bei mittlerer Geschwindigkeit kneten, bis er sich von der Schüsselwand löst.

Teigruhe
Den Teig in eine eingeölte Schüssel legen und mit einem sauberen, leicht feuchten Geschirrtuch oder mit Frischhaltefolie abdecken. 2 Stunden an einem mäßig warmen, zugluftfreien Platz ruhen lassen. Danach den Teig zusammendrücken, damit Luft entweichen kann. Eine runde Backform (24 cm Ø) mit Butter fetten oder mit Backpapier auslegen. Den Teig hineinlegen und leicht andrücken. 2 Stunden ruhen lassen.

Backen
Die Oberfläche mit leicht verdünntem und verquirltem Ei bestreichen und mit Hagelzucker bestreuen. 20 Minuten bei 170 °C backen. 10 Minuten in der Form abkühlen lassen, dann herausnehmen, auf einem Küchengitter ganz erkalten lassen und luftdicht verpacken.

Cremefüllung
Während der Teig geht, die Gelatine in einer großen Schüssel mit kaltem Wasser quellen lassen. Die Milch in einem Topf zum Kochen bringen. Eigelbe, Zucker und Speisestärke in einer Schüssel schaumig schlagen. Die heiße Milch unter ständigem Rühren zur Eiermischung gießen, dann alles wieder in den Topf füllen. Zum Kochen bringen, dabei ständig rühren. Vom Herd nehmen. Die Gelatine ausdrücken und einrühren. Kalte Butter und Orangenblütenwasser einarbeiten. Die Creme in eine flache Schale gießen und mit Frischhaltefolie abdecken. Über Nacht in den Kühlschrank stellen.

Zusammensetzen
Den Hefekuchen quer mit einem Brotmesser durchschneiden. Die Sahne steif schlagen und langsam unter die Cremefüllung heben. In einen Spritzbeutel füllen und die gesamte untere Hälfte des Kuchens mit Tupfen bedecken. Das Oberteil aufsetzen. 1 Stunde in den Kühlschrank stellen.

Königskuchen

Für 6 Personen • Zubereitungszeit: 20 Min. • Teigruhe: 4 Std. • Backzeit: 30 Min.

10 g frische Hefe oder
½ Beutel Trockenhefe
30 ml lauwarme Milch
250 g Weizenmehl
Type 405
25 g Zucker
5 g Salz
2 Eier, verquirlt
20 ml brauner Rum
abgeriebene Schale von
⅓ Bio-Zitrone
abgeriebene Schale von
⅔ Bio-Orange
50 g Orangeat
oder Zitronat
1 EL Orangenblütenwasser
125 g weiche Butter
1 getrocknete Bohne
1 Ei mit 1 EL Wasser verquirlt, zum Bestreichen

Garnierung
Mandelblättchen, ganze Mandeln oder Hagelzucker
Puderzucker
etwas Orangeat und kandierte Früchte, gewürfelt

Tipp
Die Eiglasur ist wichtig, damit die Mandeln beim Backen am Teig haften. Alternativ kann Milch verwendet werden. Wer die Bohne findet, ist für diesen Tag die Königin bzw. der König.

Teig
Hefe und lauwarme Milch (max. 30 °C) in einer Schüssel verrühren. 10 Minuten stehen lassen, bis die Mischung schaumig aussieht. Mehl, Zucker und Salz in einer Schüssel vermengen. Eine Vertiefung in die Mitte drücken. Hefemilch und Eier in die Vertiefung gießen. Rum, Zitronen- und Orangenschale, Orangeat und Orangenblütenwasser zugeben und alles mit einem Schaber oder Kochlöffel zu einem glatten Teig verarbeiten. Flöckchenweise die weiche Butter einarbeiten. 5–10 Minuten von Hand kneten. Wenn der Teig stark klebt, etwas Mehl zugeben. Alternativ den Teig mit der Küchenmaschine 10 Minuten bei mittlerer Geschwindigkeit kneten, bis er sich von der Schüsselwand löst. Das Kneten ist wichtig, damit sich das Gluten entwickelt und der Teig schön aufgeht.

Teigruhe
Den Teig in eine eingeölte Schüssel legen und mit einem sauberen, leicht feuchten Geschirrtuch oder mit Frischhaltefolie abdecken. 1 Stunde an einem mäßig warmen (ca. 20 °C), zugluftfreien Platz ruhen lassen. Danach den Teig zusammendrücken, damit Luft entweichen kann. Wieder in die Schüssel legen, mit Frischhaltefolie abdecken und mindestens 2 Stunden (besser über Nacht) in den Kühlschrank stellen. Während dieser zweiten Teigruhe entwickeln sich die Aromen.

Formgebung
Den aufgegangenen Teig mit den Handballen zu einem 2 cm dicken Kreis formen. Die Bohne hineinstecken. Den Teig auf ein mit Backpapier belegtes Backblech legen und mindestens 1 Stunde bei Zimmertemperatur oder im kurz angeheizten und dann ausgeschalteten Backofen gehen lassen. Achtung: Die Temperatur darf 30 °C nicht überschreiten. Dies ist die dritte und letzte Teigruhe.

Backen
Wenn der Teig gut aufgegangen ist, die Oberfläche mit dem verquirlten Ei bestreichen. Mit Mandeln oder Hagelzucker bestreuen und etwa 30 Minuten bei 170 °C backen. Abkühlen lassen, dann mit Puderzucker, Orangeat und kandierten Früchten bestreuen.

Sauerteigzopf
rustikal

Für 6 Personen • Zubereitungszeit: 25 Min. • Teigruhe: 1 Nacht • Backzeit: 25 Min.

200 g gefütterter Sauerteig (kann mit Sauerteigstarter angesetzt werden)
500 g Weizenmehl Type 405
150 g Rohrzucker
6 g Salz
4 kalte Eier
125 ml Wasser
125 g weiche Butter
1 Ei mit 1 EL Wasser verquirlt, zum Bestreichen
50 g Hagelzucker

Tipp
Wenn der Kuchen höher werden soll, flechten Sie einen Zopf aus drei Strängen und legen ihn in eine Backform.

Formgebung
siehe Abbildungen Seite 70

Teig
Sauerteig, Mehl, Zucker, Salz und Eier in der Rührschüssel einer Küchenmaschine vermengen und mindestens 10 Minuten mit der Küchenmaschine kneten. Das Wasser zugeben und auf langsamer Stufe unterkneten, dann flöckchenweise die Butter einarbeiten. 10 Minuten auf hoher Stufe kneten, bis der Teig glatt und geschmeidig ist.

Teigruhe
Den Teig in eine eingeölte Schüssel legen und mit einem sauberen, leicht feuchten Geschirrtuch oder mit Frischhaltefolie abdecken. 8 Stunden bei Zimmertemperatur ruhen lassen. Der Teig verdoppelt oder verdreifacht sein Volumen in dieser Zeit. Danach den Teig zusammendrücken, damit Luft entweichen kann.

Formgebung
Aus dem Teig vier Stränge formen und flechten (siehe Abbildungen Seite 70). Den Zopf auf ein mit Backpapier ausgelegtes Backblech legen und 1 Stunde bei Zimmertemperatur oder im kurz angeheizten und dann ausgeschalteten Backofen gehen lassen. Achtung: Die Temperatur darf 30 °C nicht überschreiten.

Backen
Wenn der Teig gut aufgegangen ist, die Oberfläche mit dem verquirlten Ei bestreichen. Mit Hagelzucker bestreuen und etwa 25 Minuten bei 180 °C backen. Dabei beobachten und den Kuchen abdecken, wenn er zu schnell dunkel wird.

Milchbrötchen
mit zweierlei Schokolade

Ergibt 4 Milchbrötchen • Zubereitungszeit: 30 Min. • Teigruhe: 5 Std. 30 Min. • Backzeit: 15 Min.

7 g frische Hefe oder
⅓ Beutel Trockenhefe
210 ml lauwarme Milch
350 g Weizenmehl Type 405
30 g Zucker
7 g Salz
1 Ei, verquirlt
55 g weiche Butter
100 g Schokotröpfchen (dunkel und weiß)
1 Ei mit 1 EL Wasser verquirlt, zum Bestreichen

Tipp
Um den Teig einzuschneiden, können Sie auch eine Schere verwenden, die Sie in verquirltes Ei eingetaucht haben. Dadurch geht er beim Backen schön auf.

Teig
Hefe und lauwarme Milch (max. 30 °C) in einer Schüssel verrühren. 10 Minuten stehen lassen, bis die Mischung schaumig aussieht. Mehl, Zucker und Salz in einer Schüssel vermengen. Eine Vertiefung in die Mitte drücken. Hefemilch und Ei in die Vertiefung gießen. Nun das Mehl allmählich mit einem Teigspatel oder Kochlöffel mit den flüssigen Zutaten vermengen, bis ein glatter Teig entstanden ist. Flöckchenweise die weiche Butter einarbeiten. 5–10 Minuten von Hand kneten. Die Schokotröpfchen unterkneten. Alternativ den Teig mit der Küchenmaschine 10 Minuten bei mittlerer Geschwindigkeit kneten, bis er sich von der Schüsselwand löst. Das Kneten ist wichtig, damit sich das Gluten entwickelt und der Teig schön aufgeht.

Teigruhe
Den Teig in eine eingeölte Schüssel legen und mit einem sauberen, leicht feuchten Geschirrtuch abdecken. 4 Stunden im Kühlschrank ruhen lassen. Danach den Teig zusammendrücken, damit Luft entweichen kann.

Formgebung
Den Teig in vier Portionen teilen und zu länglichen Brötchen formen. 1½ Stunden bei Zimmertemperatur an einem zugluftfreien Platz ruhen lassen.

Backen
Wenn die Brötchen aufgegangen sind, die Oberfläche mit dem verquirlten Ei bestreichen. Mit einer Gabel der Länge nach mehrmals einstechen. 15 Minuten bei 180 °C backen, dabei beobachten und die Brötchen abdecken, wenn sie zu schnell dunkel werden.

Heidelbeerrolle

Für 6 Personen • Zubereitungszeit: 20 Min. • Teigruhe: 4 Std. 30 Min. • Backzeit: 25 Min.

20 g frische Hefe oder
1 Beutel Trockenhefe
200 ml lauwarme Milch
500 g Weizenmehl Type 405
75 g Zucker
½ TL Salz
1 Ei + 1 Eigelb
60 g weiche Butter plus etwas mehr zum Einfetten
150 g Heidelbeerkonfitüre
1 Ei mit 1 EL Wasser verquirlt, zum Bestreichen

Tipp

Wenn Sie lieber Schnecken mögen, schneiden Sie den aufgerollten Teig in 3–4 cm dicke Scheiben und legen Sie diese in gebutterte Muffinformen. Bei der gleichen Temperatur etwa 15 Minuten backen und dabei beobachten.

Teig

Hefe und lauwarme Milch (max. 30 °C) in einer Schüssel verrühren. 10 Minuten stehen lassen, bis die Mischung schaumig aussieht. Mehl, Zucker und Salz in einer Schüssel vermengen. Eine Vertiefung in die Mitte drücken. Hefemilch und Eier verquirlen und in die Vertiefung gießen. Langsam alles zu einem glatten Teig verarbeiten. Flöckchenweise die weiche Butter einarbeiten. 10–15 Minuten von Hand kneten. Der Teig ist recht klebrig, aber das ist normal. Wenn Sie eine Küchenmaschine haben, kneten Sie den Teig 10 Minuten bei mittlerer Geschwindigkeit, bis er sich von der Schüsselwand löst. Das Kneten ist wichtig, damit sich das Gluten im Teig entwickelt und der Teig gut aufgeht.

Teigruhe

Den Teig in eine eingeölte Schüssel legen und mit einem sauberen Geschirrtuch abdecken. 1½ Stunden an einem mäßig warmen (ca. 20 °C), zugluftfreien Platz ruhen lassen, bis sich das Teigvolumen verdoppelt hat. Danach den Teig zusammendrücken, damit Luft entweichen kann. Wieder in die Schüssel legen, mit Frischhaltefolie abdecken und mindestens 2 Stunden (besser über Nacht) in den Kühlschrank stellen. Während dieser zweiten Teigruhe entwickeln sich die Aromen.

Formgebung

Den Teig auf einer leicht bemehlten Arbeitsfläche zur Kugel formen und mit der Hand flachdrücken. Dann zu einem 3–4 mm dicken Rechteck ausrollen. Mit der Konfitüre bestreichen, aber ringsherum einen 1 cm breiten Rand frei lassen. Den Teig aufrollen und bei Bedarf auf die Länge der Backform zuschneiden. In die gebutterte Form legen. 1 Stunde bei Zimmertemperatur oder im kurz angeheizten und dann ausgeschalteten Backofen gehen lassen. Achtung: Die Temperatur darf 30 °C nicht überschreiten. Dies ist die dritte und letzte Teigruhe.

Backen

Wenn der Teig gut aufgegangen ist, die Oberfläche mit dem verquirlten Ei bestreichen. Etwa 25 Minuten bei 180 °C backen, bis an einem mittig eingestochenen Messer kein Teig mehr haftet.

Hefezopf
mit Orangenaroma

Für 6 Personen • Zubereitungszeit: 25 Min. • Teigruhe: 2 Std. • Backzeit: 25 Min.

15 g frische Hefe oder
½ Beutel Trockenhefe
60 ml lauwarmes Wasser
50 g Butter
100 ml Milch
350 g Weizenmehl Type 405
30 g Zucker
1 TL Salz
1 TL Orangenblütenwasser
1 Ei
150 g Orangeat, fein gehackt
1 Ei mit 1 EL Wasser verquirlt, zum Bestreichen

Tipp
Wenn Sie den Hefezopf in eine Backform legen, kann er während der Teigruhe nicht in die Breite, sondern nur in die Höhe aufgehen.

Formgebung
siehe Abbildungen Seite 68

Teig
Die Hefe in einer Schüssel mit dem lauwarmen Wasser (max. 30 °C) anrühren und 10 Minuten stehen lassen, bis die Mischung schaumig aussieht. Die Butter in der Mikrowelle oder auf dem Herd bei schwacher Hitze in der Milch schmelzen. Mehl, Zucker und Salz in einer Schüssel vermengen. Eine Vertiefung in die Mitte drücken. Hefeansatz, Orangenblütenwasser, Milch mit Butter und das Ei verquirlen und in die Vertiefung gießen. Alles mit einem Teigspatel oder Kochlöffel zu einem glatten Teig verarbeiten, dann 10–15 Minuten von Hand kneten. Alternativ 10 Minuten in der Küchenmaschine auf mittlerer Stufe kneten, bis sich der Teig von der Schüsselwand löst. Gegen Ende der Knetzeit ¾ des Orangeats einarbeiten. Das Kneten ist wichtig, damit sich das Gluten entwickelt und der Teig schön aufgeht.

Teigruhe
Den Teig in eine eingeölte Schüssel legen und mit einem sauberen Geschirrtuch abdecken. 1 Stunde an einem mäßig warmen (ca. 20 °C), zugluftfreien Platz ruhen lassen, bis sich das Teigvolumen verdoppelt hat. Danach den Teig zusammendrücken, damit Luft entweichen kann. Den Teig in zwei Stränge teilen und wie eine Kordel umeinanderdrehen (siehe Abbildungen Seite 68). Auf einem mit Backpapier belegten Backblech mindestens 1 Stunde bei Zimmertemperatur oder im kurz angeheizten und dann ausgeschalteten Backofen gehen lassen. Achtung: Die Temperatur darf 30 °C nicht überschreiten. Dies ist die dritte und letzte Teigruhe.

Backen
Wenn der Teig gut aufgegangen ist, die Oberfläche mit dem verquirlten Ei bestreichen. Mit dem restlichen gehackten Orangeat bestreuen und etwa 25 Minuten bei 200 °C goldbraun backen.

Blume
mit Schokoladenkern

Für 6 Personen • Zubereitungszeit: 25 Min. • Teigruhe: 4 Std. • Backzeit: 25 Min.

20 g frische Hefe oder
1 Beutel Trockenhefe
110 ml lauwarme Milch
500 g Weizenmehl
Type 405
90 g Zucker
5 g Salz
120 ml lauwarmes Wasser
1 Ei
90 g weiche Butter
2 EL Kakao
100 g dunkle Schokolade
1 Ei mit 1 EL Wasser verquirlt, zum Bestreichen

Tipp
Für eine herzhafte Variante reduzieren Sie die Zuckermenge auf 20 Gramm und lassen den Kakao weg. Füllen Sie den Teig mit Käse, Olivenpaste oder einem Gemüseaufstrich.

Teig
Hefe und lauwarme Milch (max. 30 °C) in einer Schüssel verrühren. 10 Minuten stehen lassen, bis die Mischung schaumig aussieht. Mehl, Zucker und Salz in einer Schüssel vermengen. Eine Vertiefung in die Mitte drücken. Wasser, Hefemilch und Ei verquirlen und in die Vertiefung gießen. Nun das Mehl allmählich mit einem Teigspatel oder Kochlöffel mit den flüssigen Zutaten vermengen, bis ein glatter Teig entstanden ist. Flöckchenweise die weiche Butter einarbeiten. 5–10 Minuten von Hand kneten. Alternativ den Teig mit der Küchenmaschine 10 Minuten bei mittlerer Geschwindigkeit kneten, bis er sich von der Schüsselwand löst. Den Kakao zugeben und nur kurz einkneten, sodass ein Marmormuster entsteht.

Teigruhe
Den Teig in eine eingeölte Schüssel legen und mit einem sauberen Geschirrtuch abdecken. 1 Stunde an einem mäßig warmen (ca. 20 °C), zugluftfreien Platz ruhen lassen. Danach den Teig zusammendrücken, damit Luft entweichen kann. Mit Frischhaltefolie abdecken und die Schüssel mindestens 2 Stunden (besser über Nacht) in den Kühlschrank stellen. Während dieser zweiten Teigruhe entwickeln sich die Aromen.

Formgebung
Den Teig in sechs gleiche Portionen teilen und mit bemehlten Händen zu Kugeln rollen. Dabei in der Mitte jeder Kugel zwei Stücke Schokolade einbetten und den Teig rundherum sorgfältig zusammendrücken. Die Kugeln mit der Naht nach unten in Blütenform aufs Backblech legen: eine Kugel in der Mitte, fünf ringsherum. Nicht zu eng legen, damit sie noch aufgehen können. 1 Stunde bei Zimmertemperatur oder im kurz angeheizten und dann ausgeschalteten Backofen gehen lassen. Achtung: Die Temperatur darf 30 °C nicht überschreiten. Dies ist die dritte und letzte Teigruhe.

Backen
Wenn der Teig gut aufgegangen ist, die Oberfläche mit dem verquirlten Ei bestreichen. Etwa 25 Minuten bei 180 °C backen, dabei beobachten und abdecken, wenn der Teig zu schnell dunkel wird.

Brötchen
»Hot Cross Buns«

Für 6 Personen • Zubereitungszeit: 20 Min. • Teigruhe: 2 Std. • Backzeit: 20–25 Min.

20 g frische Hefe oder
1 Beutel Trockenhefe
175 ml lauwarme Milch
420 g Weizenmehl Type 405
100 g Zucker
1 TL Zimtpulver
1 TL Ingwerpulver
1 TL frisch geriebene Muskatnuss
½ TL Salz
1 Ei
80 g weiche Butter
90 g Rosinen
1 Ei mit 1 EL Wasser verquirlt, zum Bestreichen

Für die Kreuze
3 EL Mehl
2 EL Wasser

Tipp
Nach dem Abkühlen können Sie die Brötchen mit flüssigem Honig oder erwärmter Aprikosenkonfitüre bestreichen.

Teig
Hefe und lauwarme Milch (max. 30 °C) in einer Schüssel verrühren. 10 Minuten stehen lassen, bis die Mischung schaumig aussieht. Mehl, Zucker, Gewürze und Salz in einer Schüssel vermengen. Eine Vertiefung in die Mitte drücken. Hefemilch und Ei verquirlen und in die Vertiefung gießen. Nun das Mehl allmählich mit einem Teigspatel oder Kochlöffel mit den flüssigen Zutaten vermengen, bis ein glatter Teig entstanden ist. Flöckchenweise die weiche Butter einarbeiten. 5–10 Minuten von Hand kneten. Alternativ 10 Minuten auf mittlerer Stufe in der Küchenmaschine kneten, bis der Teig sich von der Schüsselwand löst. Zuletzt die Rosinen einkneten.

Teigruhe
Den Teig in eine eingeölte Schüssel legen und mit einem sauberen Geschirrtuch abdecken. 1 Stunde an einem mäßig warmen (ca. 20 °C), zugluftfreien Platz ruhen lassen. Den Teig zusammendrücken, damit Luft entweichen kann, dann in neun Portionen teilen und zu Kugeln rollen. Ein Backblech oder eine ofenfeste Form mit Backpapier auslegen und die Kugeln nicht zu eng hineinlegen. 40–45 Minuten ruhen lassen, bis sich das Volumen verdoppelt hat.

Backen
Die Teigkugeln mit verdünntem und verquirltem Ei bestreichen. Für die Kreuze Mehl und Wasser zu einer Paste verrühren, in einen Gefrierbeutel füllen und eine kleine Ecke abschneiden. Kreuze auf die Teigkugeln spritzen. (Sie können die Paste auch mit einem Löffel auftragen, aber dann werden die Kreuze nicht so exakt.) 20–25 Minuten bei 180 °C backen, bis die Brötchen goldbraun sind.

Kleine Zitronenbrötchen

Für 6 Stück• Zubereitungszeit: 30 Min. • Teigruhe: 3 Std. • Backzeit: 15 Min.

25 g frische Hefe oder
10 g Trockenhefe
100 ml lauwarme Milch
400 g Weizenmehl
Type 405
1 Prise Salz
5 Tropfen Vanillearoma
2 Eier + 1 Eigelb
100 g weiche Butter plus
etwas mehr zum Einfetten
100 g Zucker
1 Ei mit 1 EL Wasser verquirlt, zum Bestreichen

Zitronencreme
2 Bio-Zitronen
80 g Zucker
2 Eier + 3 Eigelb
70 g Butter

Tipp
Wenn die Zeit knapp ist, verwenden Sie gekauftes Lemon Curd.

Formgebung
siehe Abbildungen Seite 75

Zitronencreme
Die Zitronen abreiben und auspressen. Saft und abgeriebene Schale in einen Topf geben. Zucker, Eier und Eigelbe zugeben und alles unter ständigem Rühren mit einem Schneebesen bis an den Siedepunkt erhitzen. Vom Herd nehmen, die Butter zugeben und sorgfältig unterrühren. Die Creme in eine Schüssel füllen und mit Frischhaltefolie abdecken. 2 Stunden in den Kühlschrank stellen.

Teig
Inzwischen den Brötchenteig zubereiten. Die Hefe mit lauwarmer Milch anrühren und einige Minuten stehen lassen, bis sich Schaum bildet. Das Mehl in eine Schüssel geben und die Hefemilch untermischen. Einige Minuten von Hand oder mit der Küchenmaschine (auf langsamer Stufe) kneten. Salz, Vanillearoma, Eier und Eigelb unterrühren. Den Teig kneten, bis er sich von der Schüsselwand löst. Die Butter flöckchenweise zugeben und etwas schneller (mittlere Stufe) kneten, bis ein glatter, geschmeidiger Teig entsteht. Den Zucker zufügen und einige Minuten unterkneten.

Teigruhe
Den Teig in eine eingeölte Schüssel legen und mit einem sauberen, leicht feuchten Geschirrtuch abdecken. 1 Stunde an einem mäßig warmen (ca. 20 °C), zugluftfreien Platz ruhen lassen.

Formgebung
Den Teig zusammendrücken, damit Luft entweichen kann. Den Teig auf einer bemehlten Arbeitsfläche ausrollen. Wenn er zu weich ist, für 30 Minuten in den Kühlschrank stellen. Für die Formgebung die Anleitung auf Seite 75 befolgen, aber Schritt 1 auslassen. Die Rollen in gebutterte Muffinformen legen und 1 Stunde bei Zimmertemperatur oder im kurz angeheizten und dann ausgeschalteten Backofen gehen lassen. Achtung: Die Temperatur darf 30 °C nicht überschreiten.

Backen
Wenn der Teig gut aufgegangen ist, die Oberfläche mit dem verquirlten Ei bestreichen. Etwa 15 Minuten bei 180 °C backen. Falls die Oberfläche zu schnell dunkel wird, die Form abdecken.

Schnecken-kuchen
mit Spekulatius

Für 6 Personen • Zubereitungszeit: 30 Min. • Teigruhe: 4 Std. • Backzeit: 25 Min.

20 g frische Hefe oder
1 Beutel Trockenhefe
100 ml lauwarme Vollmilch
500 g Weizenmehl Type 405
50 g Zucker
1 gestrichener TL Salz
80 g Schlagsahne
2 Eier
100 g zerlassene lauwarme Butter, plus etwas mehr zum Einfetten
1 Ei mit 1 EL Wasser verquirlt, zum Bestreichen

Spekulatiusfüllung
120 g Spekulatius
2 Äpfel, gerieben
1 EL weiche Butter

Tipp
Die Rollen dürfen in der Form nicht zu eng liegen, weil sich ihr Volumen während der dritten Teigruhe verdoppeln oder verdreifachen kann. Wenn sie nicht genug Platz haben, quellen sie über den Formrand hinaus.

Formgebung
siehe Abbildungen Seite 75

Teig
Hefe und lauwarme Milch (max. 30 °C) in einer Schüssel verrühren. 10 Minuten stehen lassen, bis die Mischung schaumig aussieht. Mehl, Zucker und Salz in einer Schüssel vermengen. Eine Vertiefung in die Mitte drücken. Sahne, Hefemilch und Eier verquirlen und in die Vertiefung gießen. Langsam das Mehl mit einem flexiblen Teigspatel oder einem Kochlöffel einarbeiten, bis ein glatter Teig entsteht. Allmählich die zerlassene Butter einarbeiten. Den Teig 5–10 Minuten von Hand kneten. Alternativ den Teig mit der Küchenmaschine 10 Minuten bei mittlerer Geschwindigkeit kneten, bis er sich von der Schüsselwand löst. Das Kneten ist wichtig, damit sich das Gluten entwickelt und der Teig schön aufgeht. Für die Füllung den Spekulatius in einem Gefrierbeutel mit einem Nudelholz zerkrümeln und mit den anderen Füllungs-Zutaten verkneten.

Teigruhe
Den Teig in eine eingeölte Schüssel legen und mit einem sauberen Geschirrtuch abdecken. 1 Stunde an einem mäßig warmen (ca. 20 °C), zugluftfreien Platz ruhen lassen. Danach den Teig zusammendrücken, damit Luft entweichen kann. Die Schüssel mit Frischhaltefolie abdecken und mindestens 2 Stunden (besser über Nacht) in den Kühlschrank stellen. Während dieser zweiten Teigruhe entwickeln sich die Aromen.

Formgebung
Aus dem Teig kleine Schnecken formen (siehe Abbildungen Seite 75, die Spekulatiusfüllung in Schritt 3 aufstreichen. Schritt 1 auslassen). Die Schnecken mit etwas Abstand in eine runde, eingefettete Backform (22 cm Ø) setzen und 1 Stunde bei Zimmertemperatur oder im kurz angeheizten und dann ausgeschalteten Backofen gehen lassen. Achtung: Die Temperatur darf 30 °C nicht überschreiten. Dies ist die dritte und letzte Teigruhe.

Backen
Wenn der Teig gut aufgegangen ist, die Oberfläche mit dem verquirlten Ei bestreichen. 25 Minuten bei 180 °C goldbraun backen. 10 Minuten abkühlen lassen, dann aus der Form nehmen.

Sticky Buns
mit Karamell & Pekannüssen

Für 6 Personen • Zubereitungszeit: 30 Min. • Teigruhe: 2 Std. • Backzeit: 40 Min.

525 g Weizenmehl Type 405
50 g Zucker
4 g Salz
310 ml Milch
20 g frische Hefe oder 1 Beutel Trockenhefe
1 Ei
60 g gesalzene Butter, zerlassen

Belag
115 g Butter
200 g brauner Zucker
125 ml Ahornsirup
100 g Pekannusskerne

Füllung
140 g brauner Zucker
1 EL Zimt
45 g Butter, zerlassen

Tipp
Statt Pekannüssen können Sie auch leicht gedünstete Äpfel verwenden. Dann ähnelt der Kuchen entfernt einer Tarte tatin.

Formgebung
siehe Abbildungen Seite 75

Teig
Mehl, Zucker und Salz in einer Schüssel vermengen. Eine Vertiefung in die Mitte drücken. Milch, Hefe und Ei verquirlen und in die Vertiefung gießen. Langsam das Mehl mit den flüssigen Zutaten vermengen, bis ein glatter Teig entsteht. Die zerlassene Butter einarbeiten. 5–10 Minuten von Hand kneten. Alternativ den Teig mit der Küchenmaschine 10 Minuten bei mittlerer Geschwindigkeit kneten, bis er sich von der Schüsselwand löst.

Teigruhe
Den Teig in eine eingeölte Schüssel legen und mit einem sauberen Geschirrtuch abdecken. 1 Stunde an einem mäßig warmen (ca. 20 °C), zugluftfreien Platz ruhen lassen.

Belag
Alle Zutaten mit Ausnahme der Pekannüsse in einem Topf erhitzen, bis die Mischung brodelt. In eine mit Backpapier ausgelegte ofenfeste Form gießen. Die grob gehackten Pekannüsse darauf verteilen.

Formgebung
Den Teig mit den Handballen zusammendrücken, damit Luft entweichen kann. Auf einer leicht bemehlten Arbeitsfläche ausrollen. Die Zutaten für die Füllung verrühren und auf dem Teig verteilen, dann den Teig aufrollen, in Stücke schneiden und auf den Pekannussbelag in der Form setzen (siehe Abbildungen Seite 75). Den Teig mindestens 1 Stunde bei Zimmertemperatur oder im kurz angeheizten und dann ausgeschalteten Backofen gehen lassen. Achtung: Die Temperatur darf 30 °C nicht überschreiten.

Backen
Den aufgegangenen Teig etwa 40 Minuten bei 180 °C backen. 10 Minuten in der Form abkühlen lassen, dann stürzen.

Süßkartoffel-kuchen

Für 6 Personen • Zubereitungszeit: 30 Min. • Teigruhe: 2 Std. 30 Min. • Backzeit: 25 Min.

Süßkartoffelpüree
1 Süßkartoffel (ca. 300 g)

Teig
500 g Weizenmehl Type 405
70 g Zucker
5 g Salz
100 ml Milch
20 g frische Hefe oder 1 Beutel Trockenhefe
200 g Süßkartoffelpüree
1 Ei
50 g weiche Butter plus etwas mehr zum Einfetten
1 Ei mit 1 EL Wasser verquirlt, zum Bestreichen
100 g geschlagene Sahne
50 g Pekannusskerne

Tipp
Satt Süßkartoffelpüree können Sie auch Kürbispüree verwenden. Mit Püree aus violetten Kartoffeln sieht der Kuchen überraschend anders aus.

Süßkartoffelpüree
Die Süßkartoffel schälen, in Würfel schneiden und 30 Minuten in Wasser oder im Dampf garen, bis sie sehr weich ist. Abgießen, im Mixer glatt pürieren und 1–2 Stunden abkühlen lassen.

Teig
Mehl, Zucker und Salz in einer Schüssel oder Küchenmaschine mischen. Eine Vertiefung in die Mitte drücken. Die Milch 15 Sekunden in der Mikrowelle erwärmen und die Hefe darin auflösen. Mit Süßkartoffelpüree, Ei und weicher Butter verrühren und in die Vertiefung der trockenen Zutaten geben. Den Teig mit der Küchenmaschine 10 Minuten auf mittlerer Stufe (oder 15 Minuten von Hand) kneten.

Teigruhe
Den Teig in eine eingeölte Schüssel legen und mit einem sauberen Geschirrtuch abdecken. 1½ Stunden an einem mäßig warmen (ca. 20 °C), zugluftfreien Platz ruhen lassen. Danach den Teig zusammendrücken, damit Luft entweichen kann. Aus dem Teig sechs Kugeln formen und in eine gebutterte Backform setzen. Wenn Sie quadratische Scheiben bevorzugen, verwenden Sie eine Kastenform mit Deckel. Den Teig 1 Stunde bei Zimmertemperatur oder im kurz angeheizten und dann ausgeschalteten Backofen gehen lassen. Achtung: Die Temperatur darf 30 °C nicht überschreiten.

Backen
Wenn der Teig gut aufgegangen ist, die Oberfläche mit dem verquirlten Ei bestreichen. 25 Minuten bei 180 °C backen. Aus dem Ofen nehmen und erkalten lassen, dann mit geschlagener Sahne und grob gehackten Pekannüssen garnieren.

Veganer Hefezopf

Für 6 Personen • Zubereitungszeit: 20 Min. • Teigruhe: 1 Nacht • Backzeit: 30 Min.

125 ml Wasser
350 g + 25 g Mehl Type 405
15 g frische Hefe oder ½ Beutel Trockenhefe
125 ml Mandeldrink (oder andere Milchalternative)
25 g Maisstärke
50 g Kokosblütenzucker
1 TL Salz
20 g Kokosöl, zerlassen

Tipp

Ein Tangzhong ist eine Art Mehlschwitze, die man in Japan verwendet, um die Konsistenz von Hefeteigen zu verbessern.

Teig

Am Vortag den Tangzhong zubereiten. Dazu das Wasser mit den 25 g Mehl in einem Topf auf niedriger Stufe unter ständigem Rühren erhitzen, bis die Mischung eindickt (ähnlich wie eine Mehlschwitze). Mit Frischhaltefolie abdecken und über Nacht in den Kühlschrank stellen.
Am nächsten Tag 15 Minuten vor der Teigzubereitung aus dem Kühlschrank nehmen. Die Hefe in 2 Esslöffeln lauwarmem Mandeldrink auflösen und 10 Minuten stehen lassen, bis sich Schaum bildet. Mehl, Maisstärke, Zucker und Salz in einer Schüssel mischen. Hefeansatz, Kokosöl, restlichen Mandeldrink und Tangzhong zugeben und etwa 10 Minuten kneten. Falls nötig, etwas mehr Mehl unterkneten.

Teigruhe

Den Teig in eine eingeölte Schüssel legen und mit einem sauberen Geschirrtuch abdecken. 1½ Stunden an einem mäßig warmen (ca. 20 °C), zugluftfreien Platz ruhen lassen. Danach den aufgegangenen Teig mit den Handballen zusammendrücken, damit Luft entweichen kann.

Formgebung

Den Teig in zwei Stränge teilen und flechten (siehe Abbildungen Seite 68). Auf ein mit Backpapier belegtes Backblech legen und 1 Stunde bei Zimmertemperatur oder im kurz angeheizten und dann ausgeschalteten Backofen gehen lassen. Achtung: Die Temperatur darf 30 °C nicht überschreiten.

Backen

Wenn der Teig gut aufgegangen ist, die Oberfläche mit Mandeldrink bestreichen. 30 Minuten bei 180 °C goldbraun backen.

Schweizer Schokoschnecken

Ergibt 6 Schnecken • Zubereitungszeit: 30 Min. • Teigruhe: 4 Std. • Backzeit: 20 Min.

250 g Weizenmehl Type 405
40 g Zucker
3 g Salz
10 g frische Hefe, zerbröselt, oder 3 g Trockenhefe
3 Eier, verquirlt
125 g weiche Butter
1 Ei mit 1 EL Wasser verquirlt, zum Bestreichen

Vanillecreme
250 ml Milch
50 g Zucker
3 Eigelb
20 g Speisestärke
Mark von 1 Vanilleschote
100 g Schokotröpfchen

Tipp
Statt Schokotröpfchen können Sie auch weiße Schokolade, Rosinen oder Cranberrys verwenden.

Formgebung
siehe Abbildungen Seite 73

Teig
Mehl, Zucker und Salz in einer Schüssel vermengen. Eine Vertiefung in die Mitte drücken. Hefe und Eier hineingeben und mit dem Mehl zu einem glatten Teig verarbeiten. Flöckchenweise die weiche Butter einarbeiten. 15–20 Minuten von Hand kneten. Der Teig ist anfangs recht klebrig, aber das ist normal. Alternativ mit einer Küchenmaschine etwa 15 Minuten auf mittlerer Stufe kneten, bis der Teig sich von der Schüsselwand löst.

Teigruhe
Den Teig in eine eingeölte Schüssel legen und mit einem sauberen Geschirrtuch abdecken. 2 Stunden an einem mäßig warmen (ca. 20 °C), zugluftfreien Platz ruhen lassen. Danach den Teig zusammendrücken, damit Luft entweichen kann. Zur Kugel formen und 30 Minuten in den Kühlschrank stellen.

Vanillecreme
Während der ersten Teigruhe die Creme zubereiten. Die Milch zum Kochen bringen. Zucker, Eigelbe, Speisestärke und Vanillemark in einer Schüssel schaumig schlagen. Langsam unter ständigem Rühren die heiße Milch zugießen. Die Mischung wieder in den Topf geben und unter ständigem Rühren aufkochen, bis die Creme eindickt. In eine Schüssel füllen und mit Frischhaltefolie bedecken. Die Folie muss auf der Oberfläche der Creme aufliegen, damit sich keine Haut bildet. In den Kühlschrank stellen.

Formgebung
Das Formen der Schnecken inklusive Füllung ist auf Seite 73 beschrieben. Die geformten Schnecken 1½ Stunden bei Zimmertemperatur oder im kurz angeheizten und dann ausgeschalteten Backofen gehen lassen. Achtung: Die Temperatur darf 30 °C nicht überschreiten.

Backen
Wenn der Teig gut aufgegangen ist, die Oberfläche mit dem verquirlten Ei bestreichen. 15–20 Minuten bei 160 °C backen.

Zimtbrötchen

Für 6 Personen • Zubereitungszeit: 20 Min. • Teigruhe: 4 Std. • Backzeit: 15 Min.

250 ml Milch
55 g Butter
55 g Zucker
½ TL Salz
15 g frische Hefe oder
5 g Trockenhefe
1 Ei
420 g Weizenmehl
Type 405

Füllung
55 g gesalzene Butter
3 TL Zimtpulver
2 TL Rohrohrzucker
50 g Zucker

Belag
30 g Rohrohrzucker
1 TL Zimtpulver
30 g gesalzene Butter, zerlassen

Tipp
Für dieses Rezept muss der Teig gut gekühlt sein, damit er beim Formen nicht auseinanderfällt. Wenn er zu weich ist, kann er einige Minuten ins Gefrierfach gestellt werden.

Formgebung
siehe Abbildungen Seite 74

Teig
Die Milch in einem kleinen Topf erhitzen. Sobald sich kleine Bläschen bilden, die Milch in eine Schüssel gießen. Butter, Zucker und Salz zugeben und rühren, bis die Butter geschmolzen ist. Auf Zimmertemperatur abkühlen lassen, dann Hefe und Ei zugeben und glatt verrühren. Das Mehl unterkneten. Mit einer Küchenmaschine etwa 15 Minuten auf mittlerer Stufe kneten, bis der Teig sich von der Schüsselwand löst.

Teigruhe
Den Teig in eine eingeölte Schüssel legen und mit einem sauberen Geschirrtuch abdecken. 1 Stunde an einem mäßig warmen (ca. 20 °C), zugluftfreien Platz ruhen lassen. Danach den Teig zusammendrücken, damit Luft entweichen kann. Mit Frischhaltefolie abdecken und mindestens 2 Stunden (besser über Nacht) in den Kühlschrank stellen. Gekühlt lässt der Teig sich besser formen.

Formgebung
Die Butter für die Füllung aus dem Kühlschrank nehmen. Wenn sie zu hart ist, einige Sekunden in der Mikrowelle erwärmen. Butter, Zimt und Zucker gut mischen. Das Füllen und Formen ist auf Seite 74 genauer dargestellt. Die Zimtbrötchen auf dem Backblech 1 Stunde bei Zimmertemperatur oder im kurz angeheizten und dann ausgeschalteten Backofen gehen lassen. Achtung: Die Temperatur darf 30 °C nicht überschreiten.

Backen
Wenn der Teig gut aufgegangen ist, die Zutaten für den Belag mischen und großzügig auf die Zimtbrötchen streichen. 15 Minuten bei 180 °C goldbraun backen.

Hefebrot
mit Mohn

Für 6 Personen • Zubereitungszeit: 20 Min. • Teigruhe: 5 Std. • Backzeit: 25 Min.

50 ml lauwarme Milch
50 g Zucker
20 g frische Hefe oder
1 Beutel Trockenhefe
280 g Weizenmehl
Type 405
5 g Salz
2 Eier
60 ml Wasser
80 g weiche Butter
1 Ei mit 1 EL Wasser verquirlt, zum Bestreichen

Belag
150 g Mohnsamen
80 ml lauwarme Milch
10 g zerlassene Butter
½ TL Zitronensaft
80 g Zucker

Tipp
Sie können das Hefebrot, auch Makotch genannt, zusätzlich mit Zuckerguss überziehen. Dafür 50 g Puderzucker mit einigen Tropfen Wasser glattrühren und auf der Oberfläche verteilen.

Formgebung
siehe Abbildungen Seite 71

Teig
Die lauwarme Milch in einer Schüssel mit 1 Prise Zucker und der Hefe verrühren und 10 Minuten stehen lassen, bis sich Blasen bilden. Mehl, restlichen Zucker und Salz in einer Schüssel mischen. Eine Vertiefung in die Mitte drücken, Hefemilch, Eier und Wasser hineingeben. Alles zu einem glatten Teig vermengen. Die Butter zufügen und den Teig etwa 10 Minuten kneten.

Teigruhe
Den Teig in eine eingeölte Schüssel legen und mit einem sauberen Geschirrtuch abdecken. 2 Stunden an einem mäßig warmen (ca. 20 °C), zugluftfreien Platz ruhen lassen, bis sich das Volumen verdoppelt hat. Danach den Teig zusammendrücken, damit Luft entweichen kann. Mit Frischhaltefolie abdecken und mindestens 2 Stunden (besser über Nacht) in den Kühlschrank stellen. Während dieser zweiten Teigruhe entwickeln sich die Aromen.

Formgebung
Für den Belag Mohn, lauwarme Milch, Butter, Zitronensaft und Zucker verrühren und 1 Stunde in den Kühlschrank stellen. Den Teig aus dem Kühlschrank nehmen, füllen und in Form bringen (siehe Seite 71). Die beiden Enden zusammendrücken. Den Teig nochmals 1 Stunde bei Zimmertemperatur oder im kurz angeheizten und dann ausgeschalteten Backofen gehen lassen. Achtung: Die Temperatur darf 30 °C nicht überschreiten.

Backen
Wenn der Teig gut aufgegangen ist, die Oberfläche mit dem verquirlten Ei bestreichen. Etwa 25 Minuten bei 180 °C backen, bis an einem in der Mitte eingestochenen spitzen Messer kein Teig mehr haftet.

Mantou
Chinesische Dampfbrötchen

Ergibt 15 kleine Mantou • Zubereitungszeit: 20 Min. • Teigruhe: 1 Std. 45 Min. • Garzeit: 10 Min.

10 g frische Hefe oder
3 g Trockenhefe
150 ml lauwarmes Wasser
250 g Weizenmehl
Type 405
17 g Zucker

Tipp
Wer keinen Dampfgarer hat, füllt einen großen Kochtopf bis zur Hälfte mit Wasser und hängt ein Metallsieb darüber. Das Wasser darf das Sieb nicht berühren. Das Wasser zum Kochen bringen, die Brötchen ins Sieb legen und bei fest geschlossenem Deckel garen. Besonders gut schmecken die Mantou mit Kirschkonfitüre oder Orangenmarmelade.

Teig
Die Hefe mit lauwarmem Wasser anrühren und 5–10 Minuten stehen lassen, bis sich Blasen bilden. Mehl und Zucker mischen, dann den Hefeansatz allmählich untermengen. 5–10 Minuten kneten.

Teigruhe
Den Teig in eine eingeölte Schüssel legen und mit einem sauberen Geschirrtuch abdecken. 1 Stunde an einem mäßig warmen (ca. 20 °C), zugluftfreien Platz ruhen lassen.

Formgebung
Wenn sich das Volumen verdoppelt hat, den Teig noch einmal kneten. Einen langen Strang formen, in 15 Stücke schneiden und jedes zur Kugel rollen. Auf Backpapier legen und bei Zimmertemperatur 30–40 Minuten ruhen lassen.

Garen
10–12 Minuten im Dampf garen. Genug Platz zwischen den Brötchen lassen, damit sie beim Aufgehen nicht zusammenkleben.

Würzige Apfelschnecke

Für 6 Personen • Zubereitungszeit: 20 Min. • Teigruhe: 3 Std. 45 Min. • Backzeit: 20 Min.

20 g frische Hefe
175 ml lauwarme Milch
450 g Weizenmehl Type 405
30 g Zucker
1 TL Salz
1 Ei
50 g weiche Butter
1 Ei mit 1 EL Wasser verquirlt, zum Bestreichen

Füllung
100 g Butter
2 Äpfel, geschält und in feine Scheiben geschnitten
6 grüne Kardamomkapseln
1 EL Zimtpulver
150 g brauner Zucker

Tipp
Sie können diese Schnecke auch wie die Sticky Buns (Seite 75) zubereiten. Dafür aus dem Teigstrang Stücke schneiden und in eine ofenfeste Form setzen.

Teig
Hefe und lauwarme Milch (max. 30 °C) in einer Schüssel verrühren. 10 Minuten stehen lassen, bis die Mischung schaumig aussieht. Mehl, Zucker und Salz in einer Schüssel vermengen. Eine Vertiefung in die Mitte drücken. Hefemilch und Ei verquirlen und in die Vertiefung gießen. Nun das Mehl allmählich mit einem Teigspatel oder Kochlöffel mit den flüssigen Zutaten vermengen, bis ein glatter Teig entstanden ist. Flöckchenweise die weiche Butter einarbeiten. 5–10 Minuten von Hand kneten. Alternativ den Teig mit der Küchenmaschine 10 Minuten bei mittlerer Geschwindigkeit kneten, bis er sich von der Schüsselwand löst. Das Kneten ist wichtig, damit sich das Gluten entwickelt und der Teig gut aufgeht.

Teigruhe
Den Teig in eine eingeölte Schüssel legen und mit einem sauberen Geschirrtuch abdecken. 1 Stunde an einem mäßig warmen (ca. 20 °C), zugluftfreien Platz ruhen lassen. Danach den Teig zusammendrücken, damit Luft entweichen kann. Den Teig mit Frischhaltefolie abdecken und 2 Stunden (besser über Nacht) in den Kühlschrank stellen. Während dieser zweiten Teigruhe entwickeln sich die Aromen.

Füllung und Formgebung
Die Hälfte der Butter zerlassen und zur Seite stellen. Die andere Hälfte der Butter in einem Topf zerlassen und die Äpfel darin dünsten, bis sie goldbraun sind. Die Kardamomkapseln zerstoßen, die kleinen Samen auffangen und mit Zimt und Zucker mischen. Den Teig auf einer bemehlten Arbeitsfläche zu einem Rechteck von etwa 40 x 5 cm ausrollen. Zerlassene Butter und Äpfel darauf verteilen, dann mit der Gewürzmischung bestreuen. In Längsrichtung aufrollen, dann den Strang zur Schnecke formen und auf ein mit Backpapier belegtes Backblech legen. 45 Minuten bei Zimmertemperatur oder im kurz angeheizten und dann ausgeschalteten Backofen gehen lassen. Achtung: Die Temperatur darf 30 °C nicht überschreiten. Dies ist die dritte und letzte Teigruhe.

Backen
Wenn der Teig gut aufgegangen ist, die Oberfläche mit dem verquirlten Ei bestreichen. Etwa 20 Minuten bei 180 °C backen.

Placek
mit Streuseln

Für 6 Personen • Zubereitungszeit: 30 Min. • Teigruhe: 1 Std. 30 Min. • Backzeit: 20 Min.

125 g Butter plus etwas mehr zum Einfetten
125 g Zucker
1 Prise Salz
200 ml Milch
20 g frische Hefe oder
1 Pck. Trockenhefe
50 ml lauwarmes Wasser
2 Eier + 2 Eigelb
125 g getrocknete Aprikosen, gehackt
Mark von 1 Vanilleschote
500 g Mehl Type 405

Streusel
100 g Mehl
50 g Butter
50 g Zucker

Tipp
Bei dieser polnischen Spezialität können anstelle der Aprikosen auch andere Trockenfrüchte oder kandierte Früchte verwendet werden. Auch frische Früchte wie Äpfel und Birnen sind geeignet.

Teig
Butter, Zucker, Salz und Milch auf niedriger Stufe in einem Topf erhitzen, aber nicht kochen. Die Hefe in dem lauwarmen Wasser auflösen. Eier und Eigelbe verquirlen und zur Hefemischung geben. Aprikosen, Vanillemark, Mehl und zuletzt die Buttermischung zugeben und alles gut vermengen. Den Teig mit der Küchenmaschine etwa 10 Minuten auf mittlerer Stufe oder 20 Minuten von Hand kneten.

Teigruhe
Den Teig in eine eingeölte Schüssel legen und mit einem sauberen, leicht feuchten Geschirrtuch abdecken. 1 Stunde an einem mäßig warmen (ca. 20 °C), zugluftfreien Platz ruhen lassen Danach den Teig zusammendrücken, damit Luft entweichen kann. In eine gebutterte, rechteckige Form legen. Der Teig sollte etwa 3 cm dick sein.

Streusel
Mehl, Butter und Zucker mit den Fingern zu einer bröseligen Masse vermengen. Auf dem Teig verteilen und mit der Hand leicht andrücken. Den Teig nochmals 30 Minuten ruhen lassen.

Backen
Den aufgegangenen Teig etwa 20 Minuten bei 200 °C backen, bis die Streusel goldbraun sind.

Zopf mit zwei Strängen

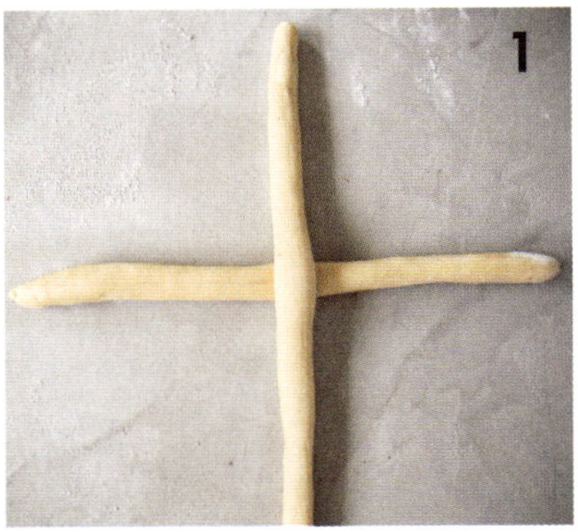

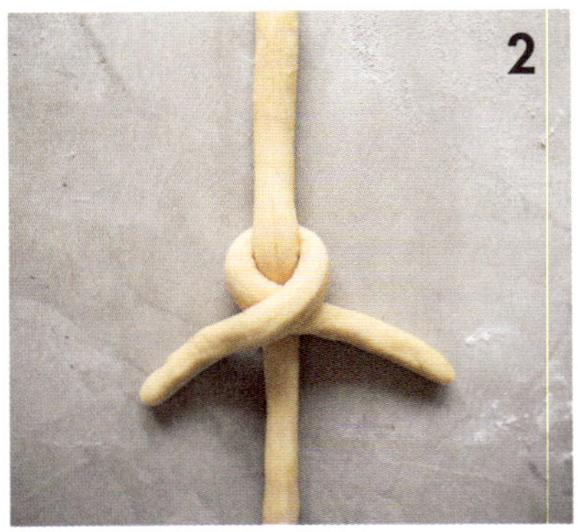

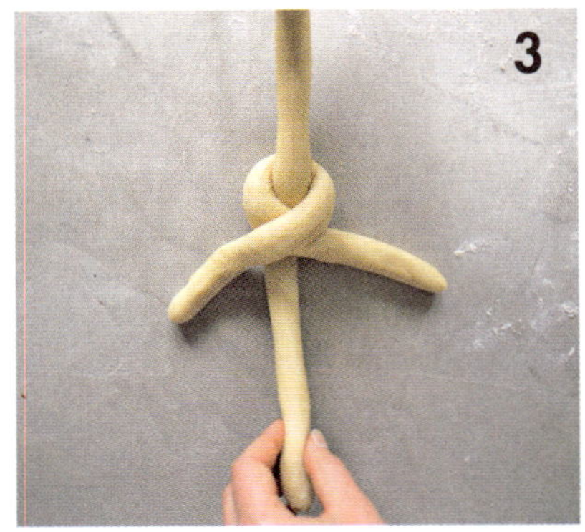

Zopf mit drei Strängen

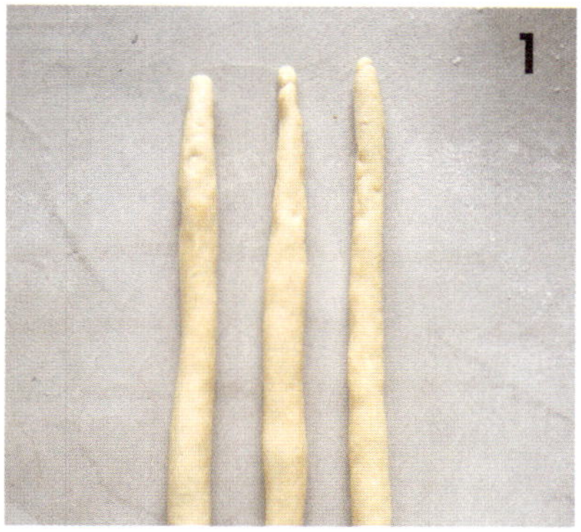

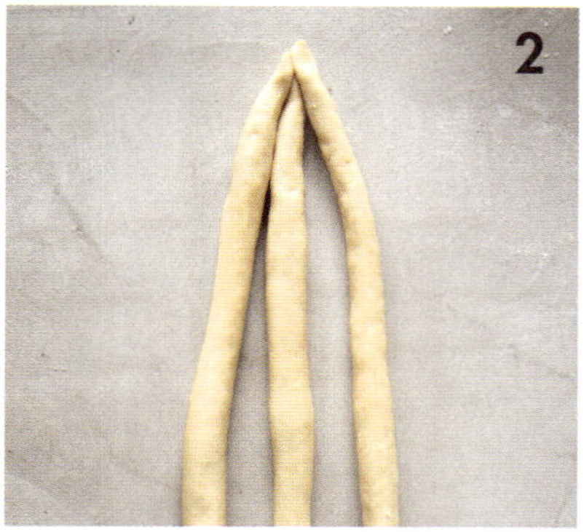

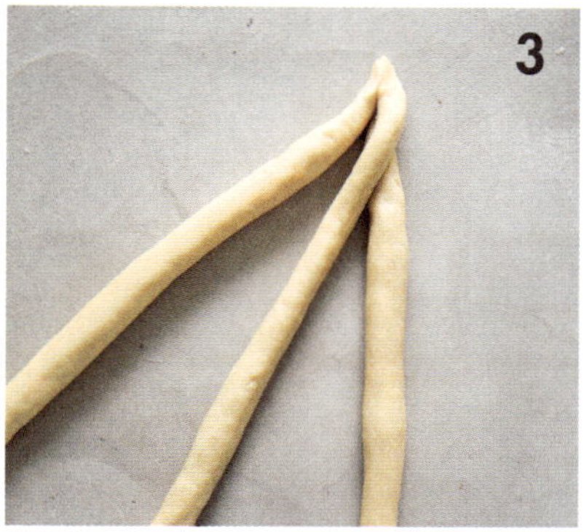

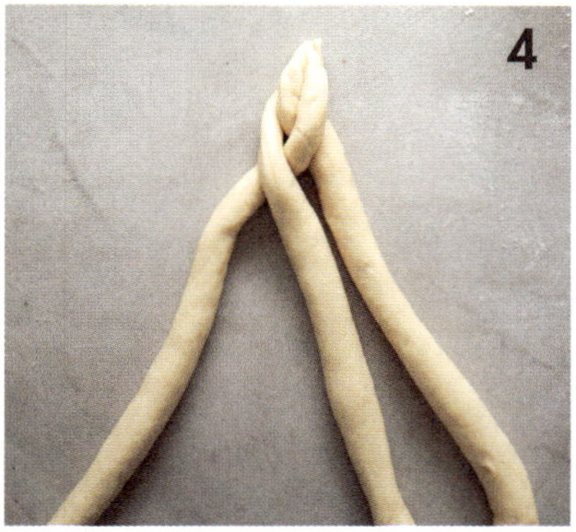

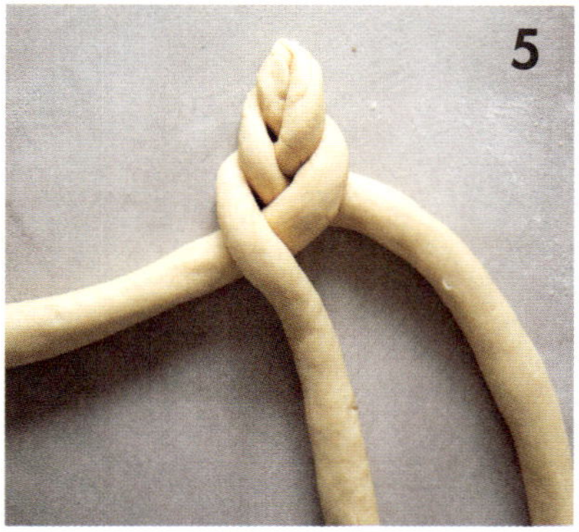

Zopf mit vier Strängen

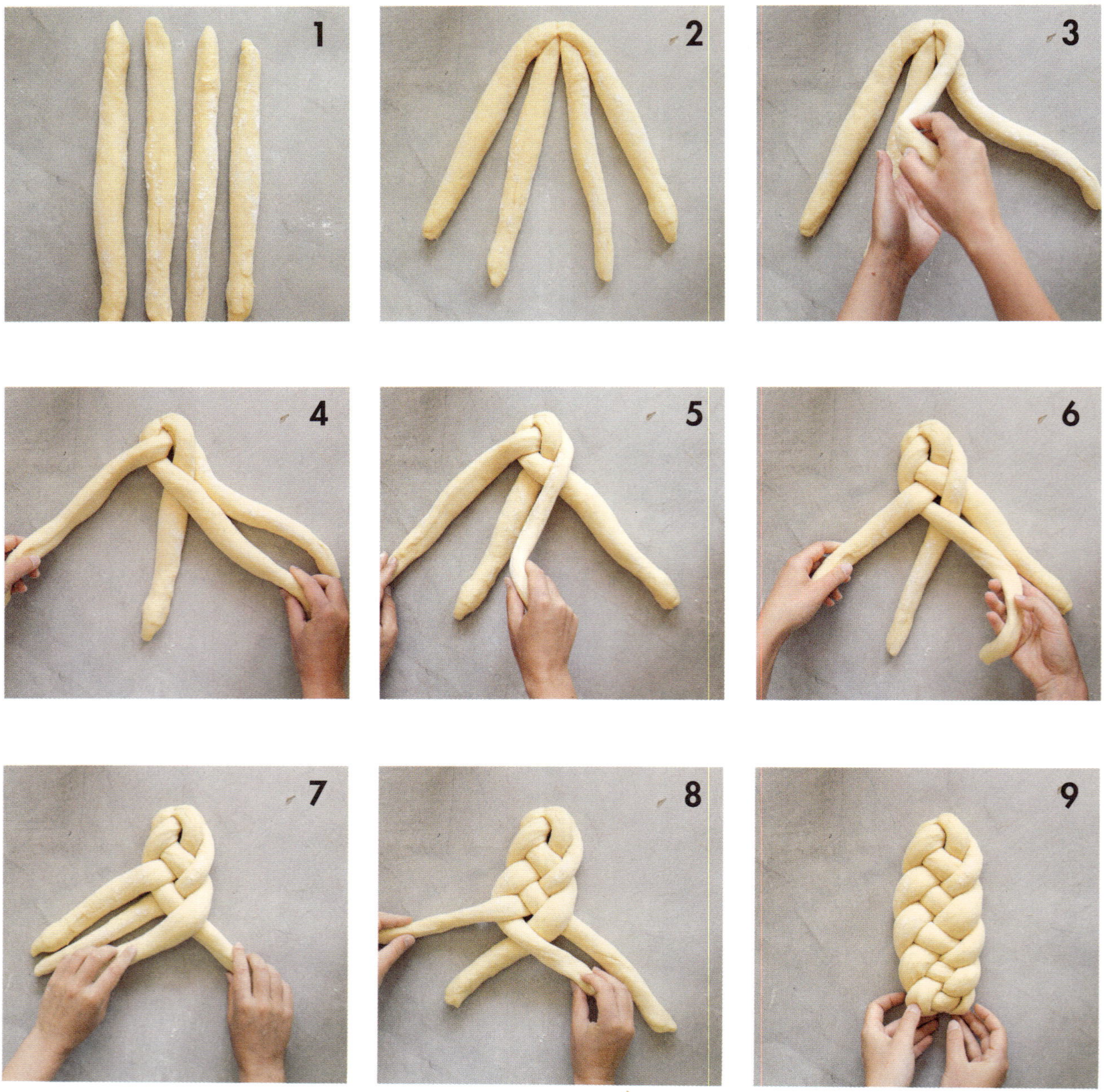

Brot mit gedrehten Strängen

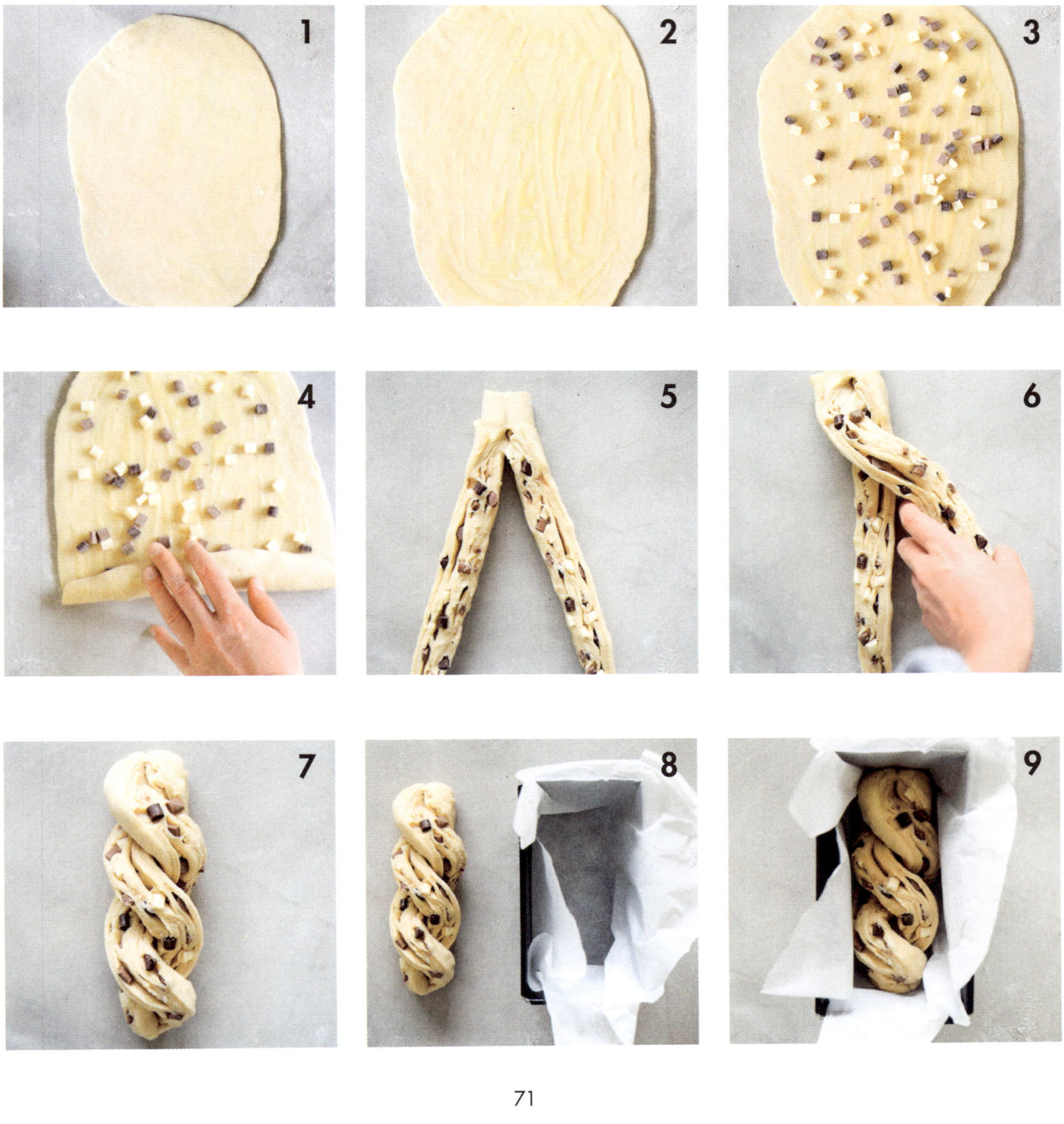

Brioche nach Pariser Art

Schweizer Schokoschnecken

Zimtbrötchen

Sticky Buns

1

2

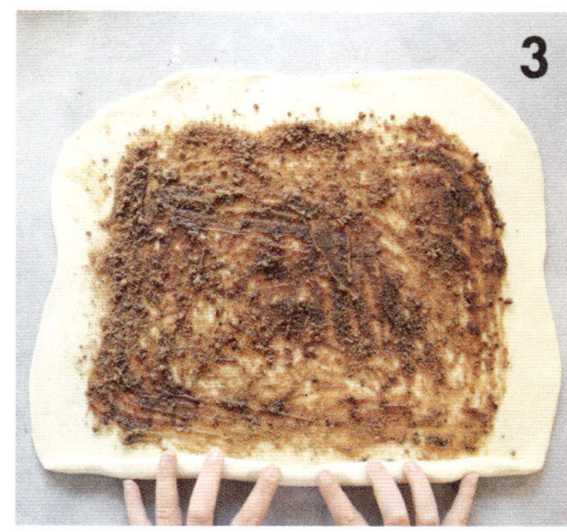
3

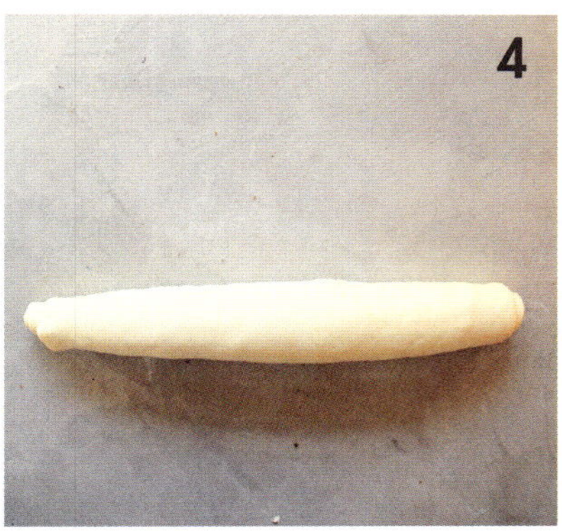
4

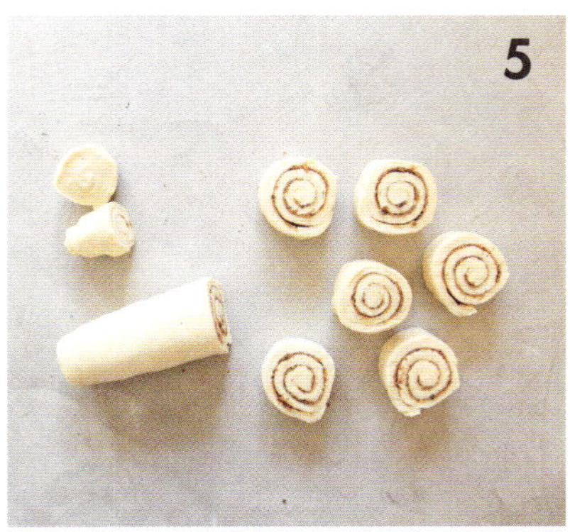
5

6

Rezeptverzeichnis

Dank

Mir gehen so viele Menschen durch den Kopf, und ich hoffe, niemanden zu vergessen. Vielen Dank an:

Meine Mutter für all ihre Liebe, Erziehung und Geduld (vor allem während meiner vielen Backversuche in der Familienküche); meine Großeltern für das, was sie an mich weitergegeben haben, meine Schwester für ihre wertvolle Hilfe bei den optischen Aspekten dieses Buches (aber nicht nur!), meinen Bruder dafür, dass er all meine kulinarischen Kreationen probiert und jedes Mal feststellt, dass »es passt«.

Galatéa Pedroche für ihr Vertrauen und ihre Energie.

Bertrand für seine bedingungslose Unterstützung, seine Gelassenheit in Stresssituationen und sein unermüdliches Wohlwollen.

Armand & Marceau für ihre kleinen Hände und ihre Lebensfreude. Danke an meine ganze große Familie, die mir ihre Liebe zu gutem Essen weitergegeben hat.

Meine Cousinen, meine Freunde, Pauline, Angèle, Camille, Nour, Juliette, Pauline 2, Lola und all die anderen, die akzeptieren, dass ich manchmal aus dem Rahmen falle und dass das auch gut so ist.

Die Pariser Handwerker Bo & Mie, La Fermentation Générale, Mamiche, Du Pain et des idées und viele andere, die mir den Geschmack für gute Dinge und den Wunsch, gut zu sein, mitgegeben haben. Nathalie und Aubert für die traumhaften Requisiten, ihre Qualitäten als Gebäck-Tester und ihre unerschütterliche gute Laune.

Und schließlich ein Dank an all die Menschen, denen ich in Paris und anderswo begegne, die mir Anlass geben, mich selbst zu hinterfragen und mich damit jedes Mal ein Stück weiterbringen.

Impressum

ISBN 978-3-8094-4463-3

1. Auflage

Originaltitel: Babkas & autres brioches

Text und Fotos: Sarah Crosetti
Layout: 2pop
Redaktion: Natacha Kotchetkova

Projektleitung dieser Ausgabe: Anja Halveland
Umschlaggestaltung: Atelier Versen, Bad Aibling
Herstellung: Elke Cramer

Realisierung der deutschen Ausgabe: trans texas publishing services, Köln
Übersetzung: Wiebke Krabbe, Damlos
Satz: Satzwerk Huber, Germering

MIX
Papier aus verantwortungsvollen Quellen
FSC® C106600

Penguin Random House Verlagsgruppe FSC® N001967

Druck und Bindung: DZS Grafik d.o.o., Ljubljana

Printed in Slovenia